AQUARIUS

AQUARIUS

AQUARIUS

AQUARIUS

Vision

一些人物，
一些視野，
一些觀點，
與一個全新的遠景！

癌症心理師
的療心錦囊

商沛宇——著（台大醫院癌醫中心分院臨床心理師）

—推薦序—

當我臨終時

我渴望被愛、被尊重以及被包容。

文◎馮以量（新馬家庭關懷及家族治療推手）

當我臨終時，我可能會是一個很難搞的病人。

我深懂安寧療護大部分相關議題，我不忌諱談論生死，我必會向醫療工作人員打破砂鍋問到底有關我一切的病情。倘若我病末的症狀沒有好好被處理，我太了解自己的性格了，我會把內心醞釀多時的無力、無助及無奈，統統爆發為憤怒。我會透過書寫及言語來表達我不被用心對待的失望。

當我臨終時，我要是控制不住內心的憤怒，我將會是醫療團隊每星期一一大早做匯報時，必定逃不掉要花時間去討論的案例之一。醫師及護理師們必會拜託心理師來到我的床邊，和我聊聊天，希望能夠疏通我的臭脾氣。我相信大家恨不得隔一週就再也看不見我的名字出現在病人名單裡頭。

當我臨終時，我知道我將會是心理師都害怕的病人。因為我知道助人者的每一句話背後，到底用的是哪一家心理學派的策略。

譬如我會很諷刺地說：「你現在是用著教科書教你的同理來同理我嗎？」或者我會說：「我看你所發問的問題，充其量只是幫助你交差而已。你其實並沒有真正想要陪伴我，更不要說想關心我。」

寫到這裡，不要說別人，連我自己也不會喜歡這樣的自己。

然而，沒有一個人一開始就想當一個難搞的病人。

說穿了，當我臨終時，我渴望的依然還是和我活著的時候所渴望的一樣，也就是：渴望被愛、被尊重以及被包容。

我希望我經歷的痛，不管是生理的，還是心理的或靈性的，都能被人們接住，哪怕就只有一個人能接得住我，我就心滿意足。如果這個人，也能同步接住我的家人們的痛，我會更感激不盡。

我希望陪伴我的心理師不要用專業術語的詞彙和我對談。我希望他能和我天南地北地瞎扯，即便說錯了話而冒犯我，也沒有關係。我能感受到那份接地氣的冒險及真誠。

我希望陪伴我的心理師能當作我好像是他的親人，我沒有奢求他要把我看成是他的親友，我只希望他當作我「好像」是他的親友就足夠了。偶爾也能夠說出他自己內心對這份工作所帶來的無助、無力及無奈；至少我知道我眼前的他是一個平凡人，並不只是一個毫無人情味的專業人士。

我希望陪伴我的心理師能明白我除了是一個病人以外，我的生命也有很多角色。我是姊姊的弟弟、我是爸媽的兒子、我是眾多家人們的驕傲；我也曾經是一名臨終關懷工作者，我也有很多我當初無法說出口的痛及遺憾。如果他能看透我在病人的角色底下，原來還有這麼多不同的生命經驗，他的關心，會讓臨終的我更願意冒險讓他認識一個全貌的我。

要是有心理師這樣接住我，該有多好

我和商沛宇臨床心理師素未謀面，但透過她書寫的文字，能感受到她給病人的真誠及溫暖。她在書中寫著：「除了『病』之外，還有更多的部分是『人』。」

當我讀到第一五四頁時，看見沛宇慢慢地讓母女倆能夠在病房裡彼此說出真心話，書稿上，我在此頁右上角如此寫著：「要是在臨終時能如此被接住，多有福氣啊！」

沛宇或許未必能完美地接得住所有和她相遇的人（試問又有誰可以如此完美），不過她那份盡心盡力替病人以及其家屬們著想的心意，實屬感人。

在這本書裡，我看見沛宇頒發給病人獎狀、協助完成病人的生前同樂會、鼓勵口齒不清的病人透過書寫留給兒子一些心底話。我也看見她願意放下專業角色，與病人分享養貓兒子的經驗。這些都是漂亮且珍貴的畫面。

我同時也聽見沛宇對一位覺得自己不夠堅強的病人說：「把心裡複雜的感受簡化為『挫折忍受度太低』，對你來說並不公平。」

我讀到這裡，很感動、也很喜歡這份體諒。因為一位心理師能做出如此細膩的表達，無非就是不希望病人在面對身體衰弱的當下，還要繼續用自責的方式來內耗自己。主流社會價值觀一直要我們故作堅強，然而展現脆弱、甚至展現憤怒也是被允許的。謝謝沛宇接得住病人這份無法向他人說出口的心情。

書中有一個小孩希望臨終的父親能撐到自己生日的那一天，可是天意弄人……讀到這裡時，我在想，沛宇把這些病人們及家屬們的無力、無助都接下來的時候，

試問在生活上又有誰能接得住她的無力及無助啊？

我衷心希望沛宇除了在扮演心理師之外，她在「人」的部分裡也有被她重視的人們接得住的時刻。

話說回來，當我臨終時，我要是有選擇，真心不希望自己是一個難搞的病人。要是有一個心理師，如沛宇一樣能接得住我的種種，那該有多好。

這是一本寫給病人閱讀的書本，也是一本寫給陪伴病人的家屬們閱讀的書本。我真心向您推薦此書，希望沛宇及她的作品也能同樣地接住您。

祝福沛宇，祝福您，祝福自己。

—推薦序—

最要感謝的就是你自己

文◎蔡佳璇（臨床心理師．「哇賽心理學」執行編輯）

當我們願意接觸脆弱的那一面，烏雲便有機會退開，露出原本在心中的太陽。

「心理師，我在急診，我好害怕，你可以來陪我嗎？」

那是十年前我還在癌症中心任職時的故事。我結束前一段會談，匆匆趕到急診室，眼前是上個禮拜第一次化療結束返家的H與他的母親，他因為高燒不退，又再次從急診準備入院。

那年H才上大學沒多久，面容姣好、成績優良的他是系上的風雲人物，正值青春洋溢、揮灑生命熱情的時刻。可偏偏癌症發生在眼部，不只會單側失明，也會影

響外觀，而且以疾病的罕見和惡性程度，醫師也無法保證治療的預後。但是從診斷到開始治療，H都展現樂觀、積極的一面，總是和我分享「醫師說保持心情好，對我有幫助」，看著那模樣的他，更是令身邊的人感到疼惜。

剛工作不到半年，還在心理腫瘤新人訓練的我，不確定自己在急診能派上什麼用場，於是便靜靜地聽著他的害怕、面對急診醫療程序感到的委屈，還有跟母親之間的矛盾與衝突。

原本滔滔不絕地分享，H突然停頓了幾秒，幽幽地說：「我好像知道醫師為什麼會轉介你給我了。我之前都以為自己很好，但是其實我好害怕，我一點都不好……」語畢，眼淚便潰堤了。

是啊，無論是誰遭逢生命巨變，感到不安、低落、消極、哭泣……都是很正常的。心理師的傾聽和陪伴，就是在示範對於這些負向部分的允許和肯認。當個案理解這些苦痛的時刻都是人類的共同經驗，便不再怪罪有情緒的自己不夠堅強，也不再怪罪生病是自己的錯。那些強顏歡笑和故作堅強的內在部分，才可以放下重擔，從自我批評，轉化為自我疼惜。

當願意接觸脆弱的那一面，烏雲便有機會退開，露出原本在心中的太陽。

癌症心理師的

療心錦囊

後續歷時半年的療程中，我和H一起做了好多事。有時候H會跟我分享返校的生活，有時候我們只是在打化療時，一起安靜地畫纏繞畫。H也曾經很積極地寫了抗癌心路歷程投稿，而我很榮幸地當了推薦人。當然，那段日子不只有正向的時光，但除了「病」之外，他也教會了我把更多的注意力放在「人」上。除了疾病與治療，個案的生命中也存在著很多重要的人、事、物，值得他們在罹癌後的生活，繼續去品嘗。

H完成治療後，我已經轉職到精神醫學部，他回診追蹤時，偶爾會特意繞來看看我，彼此更新一下近況。他總是說：「謝謝你當時的心理補給，讓我克服許多懼怕，才能在動盪不安的環境中練習平靜。」我也同樣地感謝H願意讓我陪伴和見證他一路走來有多麼不容易，並且提醒他，「最要感謝的就是你自己」。

心理師的工作很多時候是協助人們，看見隱含在自己心中的力量，陪伴人們解開糾結，重新找回生命前進的動力。隨著醫療的進步，癌症治療的副作用已經不再像過去大家記憶中那麼地可怕，預後和生活品質也都大大提升。儘管如此，聽到罹癌診斷時，仍會感到衝擊與茫然。這時候，如果有他人的經驗可以參照，知道可能會面臨哪些狀況，可以怎麼調適，或許就能比較有心理準備，也感覺不那麼

孤單。

《癌症心理師的療心錦囊》這本書便提供了這樣的支持。作者商沛宇臨床心理師是我的前同事，在安寧療護與心理腫瘤領域深耕多年，一直用最真誠、最貼近的陪伴，和個案發展出生病以外的豐厚故事。這本書不僅記錄了一則則深刻的生命故事，還包含了心理工作者參與其中的心路歷程，並從四個實務面向：人際聯繫、病人的心理復原力、家屬的自我關懷與安寧照顧，提出不同的觀點引領思考，也提供實用的方法做為安心錦囊。

我在閱讀的時候忍不住想，要是我當年在剛進入癌症中心工作時能有這本書，該有多好。

相信無論是助人工作者、正在經歷疾病挑戰的你、或是身邊的親友，都能從這本溫柔又精闢的書中，獲得支持，和找到可以依循的方向。

＊本篇文章案例已獲當事人同意分享，並已去除個人可辨識資訊。

—推薦序—

不對病友說加油，我還能夠說什麼？做什麼？

文◎謝采倪（「癌友有嘻哈」粉專負責人．「里里子假髮」共同創辦人）

「默默」地陪伴，就已經很足夠了。

和本書作者沛宇的認識，要回溯到好幾年前。那年，我和幾位志同道合的癌友一起成立病友社群「我們都有病」，偶爾會舉辦病友講座，邀請「有病」講師，和大家分享自己的「有病」歷程。

而身為臨床心理師的沛宇，曾受邀擔任我們都有病講座的講師，我們因而結識。

經營病友社群的這些年，我在「陪伴病友」上，曾經遇到很大的難關，是因為有沛宇的建議，我才知道能如何面對陪病的課題。

當時，有一位和我交情不錯的大腸癌病友，突然和我斷了所有聯繫，我甚至被解除好友——在完全摸不著頭緒時，我收到了對方傳來的一則訊息，上面寫道：

「刪你好友，不是因為你做錯什麼，只是我暫時不想被打擾。」

後來，我輾轉知道對方的病況急轉直下，心裡覺得很焦慮。我很想幫忙，也很想聯繫對方，卻不知道該怎麼做才不會造成對方的壓力……因此求助於沛宇。

我還記得，當時沛宇在電話中很溫柔地告訴我：

「你現在唯一能做的事情，就只有『默默』地陪伴。

「讓病友知道自己不孤單，想有人陪時大家都在，就已經很足夠了。」

在沛宇的建議下，我傳了一封訊息給朋友，內容是：「我尊重你刪除我好友的決定，請好好休息，不要有壓力。但如果你需要我幫忙，請讓我知道，我都會在:)」

被已讀不回大約幾天後，朋友再次傳來臉書加友的邀請，我們重新恢復了聯繫——很慶幸在朋友的最後一程，我們有好好把話說開，彼此沒有留下遺憾。

癌症心理師的
療心錦囊

沛宇跟我分享，有時候在陪病過程中更難做到的，其實是「忍住不要幫忙」。病人只是「病」了，但還是想活得像個「人」。周遭的人要是一直想幫上忙、太頻繁地關心，反而會造成病友的壓力。

每個病人的個性都不一樣，我的朋友，剛好就是屬於「不想被打擾」的類型。

沛宇很誠實地說，其實她也曾和我一樣，在陪病過程中感到挫敗，甚至一度想要放棄臨床心理師這份工作。

尤其每當癌末病人在生命凋零之際，問她：「心理師，請問我該如何面對死亡？」、「請問我該如何恢復健康？」她卻完全回答不出來，也幫不上忙時，內心的無奈，幾乎要吞噬她從事心理師的信念。

其實，這也是許多陪病者和家屬的心情。眼看病人承受著身體、心理上的痛苦，病情每況愈下，自己卻完全幫不上忙……無能為力的感覺，真的讓人很難受。

後來，沛宇的心態產生轉變，是在她決定不再以「幫病人解決問題」，而是「陪伴病人度過問題」以後。

面對情緒激動、憤怒的病友，沛宇會選擇「當稱職的垃圾桶」，絕口不給建議，也不下指導棋，就只是專心聆聽，讓病友好好抱怨，發洩不滿的情緒。

面對外在開朗、實則內心壓抑的病友，沛宇會選擇「當稱職的樹洞」，引導病友講出平時不願意或不敢講給親友聽的祕密或是心裡話。好好痛哭一場，總比強顏歡笑好。

比起「解決問題」，沛宇也開始更重視為病友「創造病床以外的回憶」。

例如，幫喜歡唱歌的病友，舉辦一場小型卡拉OK演唱會；例如，幫想念親友的病友，舉辦一場同樂會，讓大家能把握時光，留下歡笑，創造共同的回憶。

很多陪病者，常常都會收到「病人不喜歡聽到加油」的建議。但如果不能講加油的話，到底還能夠說什麼？做什麼呢？

這個問題，我想並沒有標準答案，畢竟一百種病人，可能有一百種個性，也有一百種截然不同的陪病方法。

但我相信沛宇以她的經歷所寫下的這本書，將會幫我們歸納出許多參考和建議，帶給我們許多靈感:) 真心推薦給大家！

由衷地希望，
這本書可以讓更多的病人、家屬與親友，
在這段不容易的人生旅程中，
有機會感受到自己沒有這麼孤單。

—前言—

從自我關懷到彼此照顧

生命教給我們的事

曾有一位病情持續惡化的癌症病人在我們會談後，問我：「你有沒有想過把你的這些經驗寫成書？」

我震驚於她竟說中我祕密進行的計畫，想了想，決定坦白和她分享我的煩惱：「可是我不確定把這些經驗寫出來，能帶給讀者什麼幫助。」

其實在寫這本書的過程中，我時常因此感到迷惘、困惑，幾乎不敢讓別人知道我正在著手寫書，只因擔心自己最終無法完成和出版。

話才說完，病人看著我的眼睛，嚴肅且堅定地告訴我：

「身為病人，我們只是想要有東西按圖索驥，我們會從中找到自己想要的。

「像我，對安寧、對之後的事情一點也不了解。這個時候，如果有一些別人的經驗可以參照，讓我能有個心理準備，知道自己將來可能面臨哪些狀況，這對我來說就非常有幫助了。

「而且看到別人的經驗，我也會感覺自己不這麼孤單。」

聽了她的這番話，我告訴自己一定要好好地完成這本書。

這是一本由許多珍貴、深刻的生命故事匯集而成的經驗集錦，每篇文末並針對協助、陪伴或自我照顧，提供了方法、概念及思考。起心動念，是以數年來服務於安寧病房、癌症醫院的臨床心理照顧經驗，為癌症病人和家屬、親友而寫，希望讓有需要的人在遭逢生命巨變的時候，心裡能夠有所依循，從中獲得支持與幫助。

書中呈現了多元的癌症照護模式和階段，包括：腫瘤科病房、門診、安寧病房、安寧居家訪視、遺族的哀傷輔導、「預立醫療照護諮商」等，以及在癌症治療與照護的過程中，從病人本人、照顧者、親友到子女，不同的角色及身分，所面臨的不同處境和心理議題。

面對重大疾病，如何做心境調適？

動筆時，腦海浮現出的第一個概念，是這幾年台灣臨床心理學界在推廣心理健康觀念時，最耳熟能詳的「安、靜、能、繫、望」五字訣，這也是我在工作上與病人、家屬互動的基礎。書裡的每一則故事雖然各自有強調的重點與主軸，但核心仍圍繞著這五個原則，只是依據不同的臨床情境來延伸和運用。

這個概念，原本出自重大災難與創傷後的心理急救原則，後來陸續被運用在其他不同的情境，例如Covid-19三級警戒時期，不少心理衛生人員將它編寫為疫情底下，維持身心安定的調適原則。

而我認為，「安、靜、能、繫、望」五字訣，正好也非常適合分享給癌症病人和家屬，做為疾病適應或心理調適的依據，讓病家能夠藉由這些簡單的原則，幫忙自己將突然亂了調的生活與心情安定下來，才有更多的心力、體力及腦力，消化、整理、因應持續面臨的各種挑戰。這五個原則分別是：

- **「安」——維持身體與心理上的安全感和舒適感。**

一下子接收太多資訊、來路不明的報導或偏方，容易引發我們更多的焦慮、恐慌或不舒服的感受，甚至延誤到關鍵的治療時機。

建議確保自己正在接受正規、恰當的醫療處置之後，以接收醫院或官方提供、具公信力的疾病衛教資訊為主，減少不必要的慌亂與不安。

- **「靜」──促進身心的平靜與鎮定，減緩強烈的身體反應和情緒波動。**

罹癌與治療的過程中，會經歷大大小小的情緒起伏，雖然很困難，但請提醒自己：盡量減少壓抑、否認或苛責，而試著改用接納、理解、探索的態度，面對自己的真實感受。

也可以找尋自己慣用、喜歡的放鬆方式（如：畫畫、聽音樂、寫日記、宗教信仰、瑜伽、呼吸練習等），在感受到壓力時，藉此幫助抒發、穩定心情，並將注意力專注在當下，不被憂慮的思緒牽著走。

- **「能」──透過一些讓我們感覺自己有價值、有能力的事情，平衡面對疾病時的無能為力或挫折感，提升自我效能感。**

生活中，仍應保有自己喜歡、做得好、能獲得成就感的事情或興趣，而不是只剩下疾病、治療或照顧。罹病與治療的過程中，我們可以透過這些生活的不同面向，幫助自己找回正向的感覺。

也可以試著將太過抽象、廣泛的目標，切割成比較容易執行的小目標。像是將「我要變得更健康」，調整為「每天繞公園散步半小時」等具體可行的行為。經由每一次目標的達成，我們會漸漸重拾對生活的信心與控制感。

‧**「繫」——維持與外在的聯繫，有助於降低孤單感。**

在生活中，找出信任、相處起來覺得舒適的家人或朋友，哪怕只有一個、兩個也很好。生病、治療的過程中，與信任的親友保持聯繫，和他們分享感受、交流。

有品質的人際連結與支持，能幫助我們提升抗壓性，更能調適壓力。

‧**「望」——維持樂觀與希望感。**

在罹病、治療的過程中，心中保有嚮往的目標，這樣的想望常常能夠幫助我們度過最困難的時候。曾遇過一位骨髓移植中的病人透過自我激勵「康復後，我要去迪士尼玩」，熬過辛苦的治療過程；還有位上了年紀的病人為了想看孫子上小學，努力配合治療。

我們可以透過「自我對話」的方式，為自己打氣。

有位病人曾經和我分享，他一想到要做ＭＲＩ（磁振造影）檢查，就感到非常恐懼。後來，他在心裡告訴自己：「等我完成這項檢查，就去附近的商圈吃美食。」每一次的檢查，他就靠著這樣小小的希望，度過最害怕的三十分鐘。

真實互望，你、我誰也不孤單

基於個案隱私的考量，寫下的故事案例都經過適度修改、模糊個人資訊。我也曾直接詢問某幾篇故事中的主角，是否同意讓我將他們的生命經驗改寫分享。在徵求同意時，其實我的內心十分忐忑，擔憂他們可能有所顧慮或是感到為難。出乎意料的是，絕大多數的人聽了我的詢問都一口答應，並表示很樂意將自身經驗分享給有需要的人，甚至鼓勵我，就用他們最真實的樣貌呈現吧。

謝謝每一位和我相遇的個案，謝謝你們用生命教會了我許多事，也謝謝你們給了我撰寫與分享的勇氣。

文章一開始所寫的那位癌症病人，當時在我離開病房前，向我要了名片，轉頭叮嚀身旁的家人：「到時候，記得幫我買下來。」如今，雖然她來不及看到這段話，但我還是想說：謝謝你的鼓勵和期待，讓我有力量完成這項約定。

由衷地希望，這本書可以讓更多的病人、家屬與親友，在這段不容易的人生旅程中，有機會感受到自己沒有這麼孤單。

目錄

推薦序—當我臨終時 文◎馮以量 009
推薦序—最要感謝的就是你自己 文◎蔡佳璇 014
推薦序—不對病友說加油，我還能夠說什麼？做什麼？ 文◎謝采倪 018
前言—從自我關懷到彼此照顧 024

一、別獨自面對，讓我們一起走過
——維繫有品質的人際相處

人際連結也可能是把雙面刃——人際關係的重點在「品質」 038
療心錦囊—好好關心，而不變成壓力 045
謝謝你們來找我玩——讓病人安心倚靠 047
療心錦囊—除了「病」之外，還有更多的部分是「人」 055

我想親自跟你們每個人說說話——生前同樂會 058
——療心錦囊——愛讓我們相聚 066
靈魂飽滿的拼字大王——活出想讓大家記得的樣子 068
——療心錦囊——病人是自己生命經驗的專家 075

二、給自己寬容，生病不是任何人的錯
——增進自我的心理復原力

請告訴我要怎麼解決——情緒有話要說 078
——療心錦囊——身旁的我們，做個「稱職的垃圾桶」也很好 087
他們都說我不夠堅強——生病不是任何人的錯 089
——療心錦囊——增進面對疾病時的「心理復原力」 097
擁有一個可以用生命去愛的人——知道自己為何而戰 100
——療心錦囊——建立「篤定」的力量和信念 107

目錄

先生緣，主人福——不讓你孤零零地經歷這一切 110

——療心錦囊——寫下來，主動提出溝通 119

世界這麼可愛，我卻要走了——找回生活的掌控權 121

——療心錦囊——最要感謝的人是你自己 127

三、照顧者好受，更能幫助病人好過

——關懷家屬的心情和感受

我擔心他知道自己的病情，會失去求生意志——「病情告知」的糾結 130

——療心錦囊——關於病情告知的四點思考 138

看著他這麼痛苦，我卻幫不上忙——家屬的自我關照 141

——療心錦囊——探索生命課題，進而增加照顧能量 147

我的努力，好像都沒有人看到——彼此好好地承接和包容 149

——療心錦囊——適當的表達與溝通，讓關係更靠近 159

每一個決定都好難，好像我在代替他決定生死——當無能為力湧現 162
—療心錦囊—發揮「同理心」的力量 170
很難有做好心理準備的一天——家屬的哀傷與疾病調適 172
—療心錦囊—焦慮與煩惱是調適的必經之路，沒有捷徑 180
孩子，媽媽捨不得你這麼辛苦——白髮人送黑髮人 182
—療心錦囊—談論死亡的勇氣 190

四、收藏回憶，好好陪你走一程
——愛要及時

該怎麼留下一些東西給家人？——病人的愛與堅持（上） 192
—療心錦囊—最後一段路，不只是受苦與忍耐 197
我想陪兒子過完今年的生日——為男孩的預期性哀傷做準備（中） 198

目錄

你上天堂，還是要保護我和媽媽喔——兒童的病情告知與哀傷輔導（下） 204
療心錦囊——陪伴孩子與支持妻子，同樣重要 211
你們在這裡，讓我不孤單——心理照顧不只是談話，更可以用「做」的 214
療心錦囊——在最後這段日子裡，共同創造回憶 221
遺族追蹤關懷電訪——尊重哀傷 223
療心錦囊——透過陪伴，協助家屬找到適應的力量 231
在生命的最後，你要怎麼活著？——「預立醫療照護諮商」是必要的溝通 233
療心錦囊——那些我們從不曾好好談過的事 240
後記——**身為一個癌症心理師** 243
特別收錄——**癌症病友及家屬如何獲得心理協助** 250

一、別獨自面對，讓我們一起走過

——維繫有品質的人際相處

人際連結也可能是把雙面刃

人際關係的重點在「品質」

專注地傾聽，比說話、給建議或提供比較更重要。

面對癌症，需要適切的親友支持

「該如何面對癌症？」

每當有病人或家屬問我這個問題，我大多會分享一項重要的原則：**維持與外在世界的聯繫，保持人與人之間的交流和支持。**

為了讓病人與家屬更具體地領會其中的涵義，我通常會再進一步詢問幾個問題，例如：

- 生病這件事，你有讓其他家人、朋友或同事知道嗎？
- 在生病與治療的過程中，當你感覺到壓力、焦慮或低落時，身邊有可以傾訴、給予支持的對象嗎？
- 當有需要協助時，有人是你能尋求幫忙的嗎？

大部分的人，對於上述幾個問題都給予肯定的回答，也能覺察到社會支持對他們的幫助。

然而隨著臨床經驗的累積，我也觀察到有一些病人或家屬在聽到這些提問時，露出耐人尋味的表情，甚至舉出反面例子來反駁我的建議。他們的反應引發我好奇：為什麼一個放諸四海皆準的心理健康促進原則，在某些病人或家屬的經驗中，卻沒有獲得證實呢？我試著從他們的故事中找出端倪。

她不敢老實說出生病的心情

六十多歲的阿美姨性格豪爽。她告訴我，在告知朋友自己罹癌的消息後，好友三不五時打電話關心她，但往往沒講幾句話，好友就聲淚俱下。

「我跟她說：『小姐，我還沒死哩！你哭成這樣是要詛咒我嗎？』有時候只能用這樣的方式敲醒電話那頭的朋友。」阿美姨好氣又好笑地說：「結果反而每次都變成我在安慰她們。」

「還有些人一打來就問我：『你還好嗎？』看起來是問候，但我知道他們只是想聽到我說『還好』而已。一旦我說出自己的心情，他們只會要我『不要這樣想』或是『想開一點』。你說，我還敢老實跟他們說『我不好，醫師說我癌細胞轉移了』嗎？」

還有些朋友自從得知她罹癌後，常轉貼跟癌症相關的網路消息給她。「像是前陣子藝人的女兒抗癌過世的新聞，有好幾個人貼給我，不知道他們到底是想安慰我，還是想讓我更害怕。」阿美姨長長地嘆了一口氣。

「所以我的經驗告訴我，不如什麼都不要講，自己的事情，自己面對。」她說得斬釘截鐵，卻掩蓋不了眼神中的落寞。

身邊的親友缺乏情緒覺察和承接的能力，把自己對癌症與死亡的恐懼，以關心之名投射在阿美姨身上，或者選擇忽視、否認她心裡真正的感受。

生病休養中的阿美姨，不僅沒有感覺獲得支持，還需要花更多心力消化他人的情緒。久而久之，為了避免增加負擔，她乾脆對外界報喜不報憂，獨自面對治療中的低潮及壓力。

他無奈地謊稱住院，不能探病

另一位與我分享負面經驗的是沈大哥。入院治療當天，沈大哥評估自己的情緒壓力分數，在滿分為十分的量尺中，高達八分。前往病室訪視之前，我根據病歷資料，推測他可能是對於接下來將更換化療處方一事感到緊張和焦慮。沒想到，他的回答出乎我意料。

他告訴我，他正因為一些「人際的壓力」感到困擾。

得知罹癌的不久前，沈大哥加入一個志工社團，因為年輕、能力好，很快就成為團體中的核心人物。

他生病後，除了到醫院看診和治療，其他時間都待在家中休養。社團的夥伴們看他好久沒有參加聚會，紛紛打電話關心、慰問。大家得知沈大哥罹癌後，三天兩頭就送食物到他家，又燉雞湯、又煮魚湯的，想幫他補補身子。

「可是我們家只有我和太太兩個人，這些東西根本吃不完。我委婉地跟他們說『真的不需要』，謝謝他們的好意，他們還是執意要送來，常常一通電話就請我太太下樓去拿。更不用說家裡堆積如山的營養品，大概三年都喝不完。」他一臉無奈地說：「還有，大家怕我一個人待在家中胡思亂想，堅持要來我家陪伴我，結果來了之後，都是在講他們自己的事情，我還必須打起精神聽他們說，給他們回應。每次大家離開後，我反而變得更加疲憊，曾經睡了一整天還起不來……後來我只好騙他們說我在住院，醫院不允許訪客探視。」

聽得出來，社團夥伴們的熱情已經造成沈大哥的困擾，但又盛情難卻。最後他只能透過善意的謊言，讓自己獲得喘息與放鬆。

可以肯定的是，這些志工社團夥伴們都非常熱心，很希望能幫助沈大哥一家。但原本應該是很有幫助的社會群體支持，卻因為一味地執著於想要有所付出，自顧自地認為「我是為你好」，忽略了病人當下的意願和需求。

到頭來，一番好意反而成為病家治療與休養過程中的一大壓力來源，真的很可惜。

建立對外的「聯絡窗口」

沈大哥的故事，讓我想到另一位年輕病友蘇弟弟的母親。同樣都是面對生活中的人際團體，她則分享了截然不同的經驗。

蘇媽媽請她**在團體中最信賴的兩位夥伴做為「與其他人的聯繫窗口」，兒子的病情，她只會告知這兩位夥伴。如果其他團體成員有疑問或想關心，她便請對方去詢問窗口。**

「不然別人每問一次，我就要再重複敘述一次兒子罹癌的過程。說一次，我就難過一次。

「我有明確地告訴他們，現階段不需要送我們任何東西。但是如果未來真的有需要協助的地方，我也曾透過擔任窗口的夥伴通知大家，到時再請他們伸出援手。」

蘇媽媽立場堅定地說。

蘇弟弟也和我分享，每當化療與化療之間，身體比較舒服的時候，他會在社群平台上記錄自己治療的過程和心情。

「我看到很多人在底下留言跟我說加油。還有一些平常不太熟的朋友看了我的分享後，主動私訊我，與我分享他們陪伴罹癌家人的經驗。說也奇怪，我們就這樣忽然拉近了距離，能夠互相理解，為彼此加油和打氣。」

雖然沒有真實見到面，但是看著大家的留言和分享，讓他覺得自己並不孤單，知道有很多人在支持著他，他也因此更有努力接受治療的動力。

「傾聽」就是最好的陪伴

「促進社會聯繫」是人們在經歷重大變故後，增進心理調適的重要原則。在面臨壓力時，生理的抗壓機制會促使我們與其他人建立連結，無論是分享、尋求協助和支持或幫助他人，都能增強我們面對壓力的心理韌性，有益於提升身心健康。

但是阿美姨和沈大哥的經歷讓我注意到，我們的生活中，不是每一個人都有足夠的心理強度去陪伴受苦中的人們。有些人不見得具備情緒覺察與同理的能力，即便沒有惡意，但某些不經意的回應或行為，有可能不小心成為病人和家屬的負擔。

因此，在促進社會聯繫、維持人際連結之前，有一個關鍵應該要了解：連結的重點在「品質」，而非數量。**重要的不是和多少人保持聯繫，而是我們要篩選出信任、願意聆聽、相處起來自在的家人或朋友，讓他們了解我們的狀況與需求，試著去分享自己心裡的感受，以獲得支持及陪伴。**

連結和支持的對象除了來自於原本的生活圈，別忘了，身邊的醫療團隊、病友或家屬、心理專業人員，也是可以尋求的支持管道。

療心錦囊

好好關心，而不變成壓力

身為病家周圍的親朋好友，我們該如何讓自己扮演一個好的「連結」和「社會支持」？可以參考以下這三點：

1 出於尊重，並徵求同意

尊重病家有自己的步調，甚至有想要自己消化、調適的權利。當我們很想關心他、想要進一步陪伴之前，必須先徵得病家的同意。

例如：可以先傳訊息讓對方知道：「**我很擔心、也很關心你的狀況，如果你方便，不知道我能不能去看看你，或是打電話給你？如果有任何我幫得上忙的部分，也請儘管跟我說。**」

2 適切關心，卡片也很好

如果病家願意接受我們的關心，我們可以主動找對方聊聊，甚至進一步詢問對方有沒有需要幫助的地方。

例如：需不需要有人陪著去看診、做檢查、聽報告，或是住院時，幫忙輪替照顧？

在與病家接觸之前，請先問問自己：「**我有沒有辦法承受對方不好的消息，或負面的情緒狀態？**」

若發覺自己尚未準備好，還無法自在地與病家正經歷的壓力和情緒共處，也沒有關係。或許先暫緩腳步，以一張關心或祝福的小卡片表達心意，會是更合適的做法。

3 專注傾聽，不否認對方

當病家願意在我們面前談論自己的狀況、吐露心情時，要謹記在心：「專注地傾聽」，比說話、給建議或提供比較更重要。

在互動的過程中，請不要否認他們的感受、輕易提供解決方式和建議，或是想要他們立刻變得積極有希望。**我們愈是想要改變對方，愈可能讓彼此之間的距離愈來愈遠。**

希望你我在身邊的人有需要的時候，都能成為那個「有品質」的連結，做為病人與家屬的重要後盾，陪伴他們走過治療過程的各種風景，讓他們感覺到自己並不孤單。

謝謝你們來找我玩

讓病人安心倚靠

寬恕那個面對疾病，曾低落、消極、哭泣的自己。

她的樂觀和積極，讓人疼惜

妮芙是我到癌症醫院工作後，接觸到的第一位年輕病友，也是我和門診個案管理師合作的開端。

個管師將妮芙轉介給我時，告訴我，大學剛畢業的妮芙幾個月前因為久咳不癒就醫，被診斷為肺癌第四期，最近又發現癌細胞轉移到骨頭，需要緊急住院動手術。

個管師輕輕嘆了口氣，滿是憐惜地說：「但是她一直都表現得很正向、樂觀，積極接受所有的治療，沒有一絲害怕或沮喪。」

我疑惑地反問：「既然如此，為什麼你覺得妮芙需要跟心理師會談呢？」

「嗯，這是個好問題……」她愣了一下，接著說道：「或許我只是單純地希望有人可以一起來幫忙她，盼望讓她在未來接受治療的過程中，適應得更好吧。」

這份對病人的關照打動了我，於是我欣然接下任務，希望一同陪著這個勇敢的女孩好好地走一段路。

堅強外表下的眼淚

初次透過電話與妮芙聯繫時，充滿朝氣的聲音使我印象深刻。若不是比對手上的病歷，實在很難將她與肺癌第四期聯想在一起。

我們的第一次會面，安排在她骨轉移住院開刀之後的幾週。當天，家人推著術後尚未完全復原的她來到會談室，輪椅上的她是個甜美的女孩，如同我對她聲音的第一印象。化著淡妝的妮芙態度自在、大方，在我的邀請之下，侃侃而談自己罹癌與治療的歷程，即便回憶起過往令她驚恐萬分的檢查過程，仍是帶著微笑敘述。她說儘管在檢查或治療時，常常被嚇到哭，害怕得發抖，她還是會不斷地自我對話，激勵自己要保持正向，捱過一項又一項的檢查。

直到開始一一細數這陣子接二連三的噩耗：診斷出肺癌、沒有適合的標靶藥物、無法進行免疫治療，她臉上的笑容逐漸消失，最後終於再也忍不住地落下淚來：「我好不容易可以開始賺錢分擔家計了，結果竟然得到癌症，真的好不甘心。

「這幾個月我開了很多次刀，真的好可怕喔。」

聽到那堅強外表下的心聲，實在替她感到心疼。

「但是我不想死。現在醫學這麼發達，說不定化療可以成功。」她拭去眼淚，堅定地說：「我不想放棄。我告訴自己：要跟它拚了！身邊的人還需要我。」

後來更認識妮芙以後，我了解到，原來每一次聽到不好的消息時，她都是依靠這樣的信念來鼓勵自己，讓自己再次懷抱希望，繼續前行。

心裡像有顆不定時炸彈

和妮芙的會面配合著她來醫院回診治療的日期，斷斷續續地進行著，有時候遇到身體不適而暫停，有時候則因更換新的治療方式而先中斷；過了一段時間後，又隨著她

即將面臨新的療程、新的挑戰（例如：轉換成會掉髮的化療藥物、參與副作用未知的臨床試驗計畫），重新展開下一階段的會面。

儘管這一路走來，妮芙的治療與身體狀況一波三折，但每一次只要出現在我們面前，她一定都是經過一番悉心打扮，神采奕奕地現身。在身體舒服些的時候，她希望自己盡量不要像個病人。

不過，有陽光的地方就會有陰影。

外表堅強、樂觀，總是不希望別人替自己擔心的妮芙告訴我，她也有很消極、負面的時候。她的心裡像是有顆不定時炸彈，身體不舒服時，常會沒來由地情緒低落，一不小心就往不好的方向想：「如果治療沒效怎麼辦？」「我現在是不是成為家人的累贅？」

初得知罹癌時，她很快就替自己和家人都想好規劃，甚至計畫好如何告別。但時間一下子又過了一年，現在的她，反而因為不知道自己什麼時候會離開，內心既茫然，又害怕從醫師口中聽到真實的答案。

我常邀請妮芙多談談她對生活、對人生的夢想和期待，也讓她試著更具體地描述內在的恐懼、失落與遺憾，陪著她釐清各種情緒感受背後的想法，探索早年經驗帶給她的影響。

某些時候，我也會感覺到自己沒辦法幫上忙，任何建議都顯得不著邊際，因為她已是超乎常人的堅強和勇敢了。在那些當下，我對自己說：**我能做的就是好好地聽她說話，給予我的全神貫注，讓她知道，我願意陪伴和接納她的任何狀態。**

某次的會談結束前，妮芙和我分享她的體會：「以前我常常責備自己沒有把情緒控制好，認為那是沒有照顧好自己的表現。幾次下來，我理解到，情緒就像其他的生理反應一樣，是很自然的事。」

她漸漸不再因為會覺得悲傷、難過而苛責自己。她告訴我，現在的**她學會了寬恕——寬恕那個面對癌症，還是會低落、消極、哭泣的自己。**

妮芙用她的態度教會了我，真正的勇敢，不是不會感到害怕或傷心、難過，而是願意帶著它們繼續前行。

被強烈的孤獨感包圍

一天，接到妮芙來電表示希望和我會面，原因是這半年多來讓她懷抱極大期望的臨床試驗藥物，似乎沒有看到顯著的效果，現在又必須更換抗癌療程。

癌症心理師的
療心錦囊

她一坐下就流著眼淚告訴我：「治療到現在，我真的很不開心了。」聽到她這樣說，我不禁鼻酸。

對藥物的期待，一次又一次落空，加上日益加劇的疼痛和呼吸喘的症狀，讓妮芙最近幾乎每天都處在恐懼之中：吃不下，睡不好，擔心癌末的過程比她原先以為的更難以忍受，也害怕若體力逐漸削弱，有一天無法自理時，將會拖累家人。

每一天，除了強迫自己帶狗狗出門散步外，大部分的時間，她都在難以抗拒的疲憊和倦怠中度過。

一想到同齡的朋友都在上班，過著正常生活，只有自己像走在伸手不見五指、看不到盡頭的黑暗隧道裡，她就被強烈的孤獨感包圍。

「朋友」會把她當作一般人看

原本約定好再次會面的幾天前，妮芙因為咳血和喘的問題，緊急住院治療。

照顧她的腫瘤科病房團隊告訴我，醫師召開了家庭會議，開門見山地告訴妮芙和家人，她的腫瘤不太好控制，很可能只剩半年或者不到半年的存活期，請他們要有心理準備。

連平時接觸眾多癌症病人的我聽到這樣的訊息，都感到一陣錯愕，更不用說妮芙和家人會有多震驚。我與個管師討論之後，決定立刻去病房探視她。

前往病房途中，我倆回顧著一年多來陪伴妮芙的心情，「勇敢、堅強得令人心疼」是我們對她共同的描述。我們很清楚自己對她的關照和疼惜多過對其他的病人，只希望成為她在治療過程中，感到辛苦、疲憊時，能安心抓住，倚靠著稍微喘口氣的浮木。

「嗨！我帶朋友來看你嘍！」走進腫瘤科病室時，我用輕鬆的語氣和妮芙打招呼。床邊擺著可愛的玩偶，戴著氧氣鼻導管的她身穿卡通睡衣，坐在病床上，看到我和個管師一起出現，又驚又喜。

詢問她這幾天的身體狀況後，個管師輕輕撫摸她的肩，一個小動作，傳達了我們對她的關心。

我決定坦白告訴她，我們聽說了前一天家庭會議的消息。

「醫師講話真的好直接喔！」妮芙笑著笑著就流淚了。她沒料到會在毫無心理準備之下，聽到那麼具體的存活期估計數字。

我們點點頭，滿是無奈地相視而笑。

「但是，或許化療還是可以有兩成的機會。」她快速地擦乾眼淚，轉換心情。

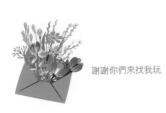

癌症心理師的
療心錦囊

再艱難的處境，她都還是有辦法轉念，重新找回希望。這個女孩展現出的心理韌性，也是讓我們覺得最心疼、最捨不得的地方。

其實這次在家中不舒服時，她很抗拒來急診求助，因為很怕一住院，就再也出不了院。「我真的好想出院回家喔。好想念家裡的貓咪和狗狗。」原本已經平復情緒的她一提到家裡的毛小孩，眼淚又奪眶而出。

個管師好奇地問：「你有養狗呀？是哪一種狗狗？有照片可以給我們看嗎？」妮芙一聽就興奮地拿起手機，開心地與我們分享珍貴的照片：一隻是陪伴她多年，在她身體不舒服時，總會默默在旁看顧著她的貓咪；另一隻則是她幾個月前才剛從寵物店抱回家的小狗，黏人黏得不得了，連她上廁所都不放過。

「你家不是也有貓嗎？」個管師突然轉過頭來對我拋出問題，我有些措手不及。其實和妮芙會面一年多的時間裡，好幾次都聽她提及家裡的貓咪和狗狗帶給她力量。每每聽她說起寵物的陪伴，愛貓成痴的我內心都深受觸動，但礙於心理師的角色包袱，我都只是單純聽著這些故事，沒有表現出更多的共鳴與好奇心。

這天在個管師的「推坑」下，我第一次和妮芙分享自己跟貓兒子的故事。這也是我第一次在她面前放下心理師的角色，揭露自己的生活與感受。

我們像某個開關被打開似的，聊了各自與寵物相遇的緣分及身為「奴才」的心情，還一起給也想要養寵物的個管師許多過來人的建議。大聊特聊的一個鐘頭裡，好幾次我們都笑得喘不過氣，臉頰的肌肉好痠。

妮芙說，她喜歡和朋友待在一起，因為朋友們會把她當作一般人看，不會刻意要「呵護」她、幫她做事，「**這讓我覺得很放鬆，好像生病也沒這麼可怕。**」在我們離開病室之前，妮芙開心又滿足地對我們說：「謝謝你們來找我玩。」——這幅畫面至今仍深深烙印在我的腦海。在這個當下，我們好像真的就是她的朋友。

療心錦囊

除了「病」之外，還有更多的部分是「人」

一句「謝謝你們來找我玩」，卻在我心裡泛起漣漪。

不管是身為醫療人員或親友，很多時候，我們太習慣過度聚焦在疾病、治療和症狀，彷彿這就是病人生活的全貌。

但是我們都忽略了，其實在病人的生活中，除了「病」之外，還有更多的部分是「人」。**他們的生命中，還存在著很多重要、珍貴的片段，值得被好好關切，細細品嘗與探索。**他們也和你我一樣，渴望著能夠自在相處、自然而然的陪伴和人際關係。

我想這也是為什麼在病房的那個當下，我和個管師決定順著直覺、跟隨心之所向，有默契地卸下醫療人員的角色框架，一起在妮芙面前展現最真實的自我。

就是單純想要好好地陪伴她，在她身邊支持她。

對於現實中疾病的發展，我們做不了太大的改變，但希望我們的出現和陪伴，能讓妮芙在這段有些沉重的住院與治療過程中，有機會感受到一段「沒有生病」的時光。

我想親自跟你們每個人說說話

生前同樂會

人生若快到最後的時間，你還有沒有什麼想做的事？

尾聲之前，能不能再創造一些可能性？

進入安寧場域工作後，我常思考：在生命的最後一段日子裡，除了打針、吃藥、好好休息以外，有沒有可能再創造一些可能性，讓末期病人的生活不只是過一天、算一天，而是**仍能對每一天、對所重視的人事物，保有期待與動力。**

我在安寧病房工作即將滿週年時，轉入一個二十歲出頭的女孩，疾病發現得很晚，一診斷就是末期，癌細胞已經轉移到不同的器官。她做了幾次抗癌治療，反應都不太好，身體一天比一天虛弱。

在腫瘤科團隊的建議下，她和家人決定轉入安寧病房，接受比較舒適、緩和的照護。

或許是由於年齡相仿，相較於其他病人，我對女孩多了一份關心與好奇。

她剛轉入病房時，精神十分倦怠，大部分的時間都閉著眼睛，臥床休息。家人用心地替她在病室中營造舒適、寧靜的環境，為的是讓她在生命的最後一段路，不受干擾地好好休養。

也因為如此，我沒有什麼機會和女孩互動，無法探問與了解：

- **年紀輕輕的她，對於疾病、對於安寧療護、對於生命，抱持著什麼樣的想法和感受？**

我只能間接地透過夜班護理師的交班紀錄拼湊對她的想像——護理師眼中的她堅強、樂觀、貼心而客氣，少數醒著的時候，對家人和照顧自己的醫護人員們，她總是帶著微笑又有禮貌。這讓我對女孩的一切更加感到好奇。

太在乎彼此，不忍心看對方難過

大約一週後，聽護理師說這幾天女孩稍微清醒了些，我趁著她父母暫離醫院的空檔，悄悄溜進病室。

即便外頭豔陽高照，病室仍被緊拉上的窗簾遮蔽得絲毫不透光，她在黑暗的靜謐房間裡熟睡著。另有一個女孩安靜地趴在床邊，陪伴著她。

看見這情景，我正思考是否應該轉身離開，讓她好好休息。沒想到此時她突然睜開眼睛，恰巧與我四目相交。

我立刻把握這個機會向她自我介紹，表示先前因為擔心干擾到她休養，一直沒有機會與她對話。我小心翼翼地問：「你願意和我談一談嗎？」

原以為她可能會以疲倦為由婉拒，沒想到她爽朗地答應：「我現在精神還不錯，也希望趁這個時候多跟人聊聊天。」

趴在床邊的女生是她的閨密。不消幾分鐘，年紀相仿的我們三人就找到共同點，打成一片。

天南地北地聊著，話題從日常瑣事慢慢觸碰到疾病適應與生命價值觀，女孩回憶起

發病時，那段煎熬的就醫等待過程。

「靠！超痛苦的好嗎?!拜託，我都這麼痛了，到底還要等多久？」她用誇張的表情和語調強調那忍無可忍的疼痛。

我好奇地問：「你在爸媽面前，也會這樣把真實心情表現出來嗎？」

她笑著搖搖頭。

這時在我眼前的她，不再只是醫療團隊口中那個總是客氣地微笑道謝、永遠展現樂觀和勇敢的女孩，而是更真實、更立體、更符合她實際年紀的樣貌。

父親不曾告訴她餘命期，只有母親曾經偷偷跟她說「時間不多了」。聽起來，她和父母親之間是互相在乎的，卻又害怕彼此無法承受這個話題的沉重。

聊到這裡，我問她：「你是怎麼看待疾病與生死？」

女孩表示他們全家都是虔誠的基督徒。「在我們的信仰裡，一切都是神安排好的。這輩子，我去過很多地方、體驗過很多事情，我覺得我的人生已經夠了，很有意義了。」她平靜而堅定地說。

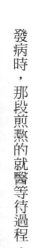

從不知道她有這個心願

看她如此自在、從容地談生論死，我鼓起勇氣問：「**那麼，在生命最後的這段時間，你還有沒有什麼想做的事？**」

聽了我的提問，她陷入一陣沉思。我和她分享起病房裡幾個真實的故事：在交誼廳舉辦生前告別式的病人；趁著接受緩和鎮靜前，努力寫卡片給孩子和家人的年輕媽媽……

「我也曾想過寫卡片給朋友們，但是有太多人、太多字要寫了，我已經沒有力氣拿筆寫字。」她表示。

「還是……要不要改用錄音或錄影的方式，比較不耗體力？」我建議。

思考了幾秒鐘後，她堅定地搖搖頭，說：「**我想要親自見他們，跟他們每一個人說話告別。**」

我沒預料到會聽到這個答案，腦中正想著：「哇，這可不可行啊？要怎麼執行呢？」這時，她的閨密便一口答應了這件任務，自告奮勇要找人一起籌劃。

我們決定為女孩舉辦一場「生前同樂會」。

將近四十分鐘的談話耗盡了女孩的體力，她幾乎睜不開雙眼，用微弱的聲音說：

「對不起，我好累，想睡了。」

離開病室前，我小聲提醒閨密：「時間不多了，可能要趕快。」

她點點頭，說：「嗯，今天來看她，狀況確實跟上週差很多……」

為末期病人完成心願，分秒必爭。

分秒必爭，辦一場「生前同樂會」

閨密徵得家人同意，短短五天內，召集了女孩在各個生命階段的同學、朋友、同事與教友們，大家分工合作，排除萬難地籌劃這場「生前同樂會」。然而愈接近這天，女孩的病況出現愈多變化。到了當天，為了把握她仍有精神時能說說話，決定提前開始。

父母推著女孩的病床進入大家花了三個小時布置好的會場。現場有四、五十個人，都是她想要見到的人，她拿著麥克風興奮地說：「看到大家真的好開心。」雖然因意識混亂而有些語無倫次，但她還是堅持著把想對大家說的話講完。接著在家人的伴奏下，全場一起實現她想和大家一同唱詩歌的願望，合唱了她最愛的詩歌〈單純的信託〉：

為這一天，我獻感謝，全人再次交託與主連結；

祂是生命活水，使我滿足歡暢，
從我靈裡向外流淌，將我溢漫且從我顯彰。
無須憂慮，無須懷疑，惟尋求祂的國和祂的義，
每天都有需要，凡事向祂述說，
祂賜平安深且廣闊，時時保守使我永穩妥。
常常喜樂，不住禱告，凡事謝恩無何比這更美好；
主是永活源頭，作我一切供應，
凡我交託在祂手中，祂能保全一直到路終。

在場的人無論有沒有宗教信仰，都被詩歌及齊聲合唱的氛圍所感動，一邊拭淚，一邊投入地跟著唱和。我想，女孩透過這首詩歌讓愛她的大家明白，即便身體虛弱、病情嚴重，但她的信仰與心靈仍是如此平靜而堅定。

投影幕還播放出各地朋友們錄製的祝福影片，這讓我認識了親朋好友們心目中的女孩——那個陽光、活潑、有著稚嫩臉龐的她。

最後，大家獻上提前來醫院製作的壓克力合照簽名板，圍繞著女孩的病床，和她聊著每張照片的故事，一一與她擁抱。

同樂會結束後，閨密對我說：「謝謝你，我們都不知道她還有這個心願。我一直很想為她做些什麼，可是又不知道該怎麼做，也不敢問她這些。」

其實要感謝的是女孩對生命的熱愛和勇氣，是她給了家人、朋友們替她盡一份心力的機會。當然，如果當初不是他們果決地接下這項任務，也不會有這場深刻又動人的同樂會。

從這天之後，女孩的病況就掉得很快。

不留遺憾的告別

兩天後，我將同樂會的照片洗出來送給女孩的父母，同時分享當初我們決定要辦同樂會的經過。他們驚訝又認真地聽著，完全不曉得女兒有這個心願。

「沒想到她的朋友真的那麼多，我們都以為她是隨便說說。」母親笑著說。

一直以來，女兒在母親的心中是個粗神經的傻大姊，以前聽同學形容她「很會照顧人」，總是心存懷疑。直到當天看了同學們錄給女兒的影片，才認識了她的另一面。

父親有感而發地說：「**能在生前舉辦這樣的活動，真的很重要……**」

當天下午，病房傳來生理監測器「嗶——嗶——嗶——」的聲音。她回到主的身邊了。病床旁的父親一如往常地安靜，偶爾在女兒耳邊禱告。母親不捨地哭著，叮嚀孩子一定要記得回家看爸爸媽媽。

閨密含著眼淚，跟著護理師一起幫好友清潔身體、換上她最愛的漂亮衣服。我也替女孩穿上襪子。

在電梯口，我鞠躬送她最後一程，在心裡默默地對她說：

謝謝你教會我對生命的勇敢和熱情。

謝謝你讓我認識你、你的家人和朋友們，見識到人與人之間這麼堅定的情誼與互相付出。

謝謝你讓我擁有這麼一個美好且難忘的經驗，足以讓我懷念一輩子。

療心錦囊

愛讓我們相聚

雖然我沒有宗教信仰，但是同樂會上唱的那首詩歌，在我工作遭遇挫折或生活混沌的時候，常常浮現腦海，帶給我很大的安定和力量。女孩透過自己的生命，送給我這樣一份珍貴的禮物。

每當回想起大家為了達成她的心願而做的努力：閨密二話不說就接下任務，父母給予支持與尊重，好友們不畏風雨、多次赴醫院討論細節，經驗豐富的教友們熱心協助，還有許多同學當天一早就抵達幫忙布置場地……這些人無論原本是否認識，都同心協力地集結在一起，真是令我感動不已。

我不禁想：人的一生中，能有這麼愛自己的家人與朋友們，夫復何求？

靈魂飽滿的拼字大王

活出想讓大家記得的樣子

陪伴你看到人生的亮點，體驗它、豐富它，為這個重要的片刻賦予意義。

他從不透露心裡的擔憂

最初會探視喬伯伯是受到家屬的託付。

年過七十的喬伯伯罹癌將近十年，前前後後進行了超過六十次的化療。這次住院，他在腫瘤外科的建議下轉入安寧病房，由安寧團隊接手後續的照護。

家屬說，堅稱「相信奇蹟」的喬伯伯回應所有人的關心時，總是像在賣關子，從不透露任何心裡的擔憂，他們擔心假如哪一天他聽到醫師強調自己的病情不可治癒時，會深受打擊而像氣球洩了氣，甚至可能遷怒家人，對他們不諒解。

所以一轉進安寧病房，家屬就急切地希望心理師能協助探究出喬伯伯對病情的真實想法，引導他說出內心的感受，進而讓他願意面對生命即將走向終點的事實，保持快樂與平靜的心態去接受它。

聆聽他的故事，走入他的生命

身上背負著家屬與醫療團隊的期待，我的心情不免有些沉重。站在門外深吸一口氣後，我鼓起勇氣敲敲房門，走入病室。

坐臥在病床上的喬伯伯雖然身上插滿管路，看起來仍精神飽滿，對於我的來訪，他親切而友善。

稍微寒暄幾句後，我決定開門見山地詢問他對於目前疾病狀況的理解，並試圖與他談談生病後的心情。然而針對與疾病相關的提問，他一律回答自己「保持樂觀」，並強調：「就算在悲觀中，仍然要找到樂觀的部分。」

問他現階段有沒有什麼想做的事情，他只淡淡地說：「現在身體不好了，很多事沒辦法了。」

當我試著進一步地詢問所謂的「身體不好」和「很多事沒辦法了」，指的是哪些事情，以及他背後是不是有些想法和心情，卻只得到一陣沉默。

「可以問點別的嗎？」幾秒鐘後，他用這個請求打破沉默。他不希望再繼續談論與疾病和失落相關的話題。

有那麼一瞬間，我在「滿足大家對心理師角色的期待」與「尊重病人意願」之間掙扎著，不過，最後這麼對他說：「好，我們就談你想談的吧！」

我決定**拋下那些既有的目標和期待，全心全意地尊重眼前的他**。我決定就做他想做的事，讓他快樂。

或許，我們在一起的這段時間，可以讓他暫時不用去想自己是病人，忘記他是個被認為再過不久就要臨終，應該認真交代後事、正面地面對病末的人。

我試著放鬆心情，陪伴他、聆聽他的故事，好好地走入他的生命。

一張獨一無二的獎狀

有一回和喬伯伯聊到過去的興趣和嗜好，他問我：「你相不相信有人在退休後，還能自學考上英語研究所？」他自豪地說自己非常擅長記單字，半開玩笑地要我下次準備十個困難的英文單字考考他。回到辦公室後，我上網蒐集了十個艱難的英文單字，準備驗證他的說詞是否屬實。

隔天，我一踏進病室就聽見看護大聲地喊著：「他等你很久啦！」

接過我出的「考卷」，喬伯伯自信滿滿地先掃視一遍題目，接著像破關一樣，毫不遲疑地答出每一個英文單字的意思。「一百分！」他咧嘴笑著，得意地看著我瞠目結舌的樣子。

對他的語文天分實在是心服口服，我腦中突然閃過一個念頭：是不是該幫喬伯伯記錄下這個榮耀時刻呢？於是問他：「要不要幫你做張獎狀？」

他高興地說好，還不忘叮嚀我：「要你自己畫的喔！可別讓我等太久啊！」

我用了畢生的美勞實力，替喬伯伯製作了一張獨一無二的「拼字大王」獎狀，幾天後，帶著安寧團隊的夥伴一起頒獎給他。喬伯伯感到非常驚喜，沒想到我真的遵守承諾。

他接過卡片，欣喜地唸出上面的文字：

恭喜喬伯伯，才高八斗、學富五車、樂於求知、好學不倦，一直以來都是老師與同學們心中的人體英文字典。

本次勇於接受拼字考驗，獲得滿分，榮獲「拼字大王」。特頒此狀，以資鼓勵。

他請太太把獎狀放進枕頭底下的牛皮紙袋中，和他最珍貴的股票收藏在一起。「我一定會……好好保存……保存到……山窮水盡的那一天。」他用僅存的氣力，表達對這張「拼字大王」獎狀的重視。

超越生死的大智慧

我每天都會去探視喬伯伯，和他聊聊天。每次一進門就聽到看護告訴他：「你的朋友來看你啦！」插著鼻胃管的喬伯伯總對我綻放出一抹微笑。

他像是和我形成默契般，每天準備一則生命小故事與我分享。

有一次，他心血來潮地說：「今天來談鬼吧！」從小就聽大人講這些事情，所以他自然而然就相信「鬼是存在的」，「靈魂是永恆的，不會因為人死了就消失。眼睛所能看到的東西太少、太狹隘，很多事情並不是我們沒見過、沒聽過，就不存在。」

他不斷提醒我，人類的渺小。

「其實我很想看到鬼，可惜從來沒見過。上班必經的那條隧道我走了幾十年，從年輕時一個人騎著偉士牌，到後來開車經過，一直很期待會不會哪天突然有個漂亮小姐坐在我後面，可惜都沒有。」

即便身體與精神愈來愈疲倦，他仍不改幽默的風格。

說到氣力耗盡時，他便宣布：「今天的課就上到這裡，下課。」

某個晴朗的午後，他轉頭望向窗外的藍天白雲，有感而發地說：「有時候我覺得我好像神仙哪。你知道嗎？有時候，我感覺我的靈魂飄在房間裡，看著這一切……看著躺在床上的我，看著窗外的美景，感到很自在、舒服又平靜。」

這番感慨讓我確信，雖然喬伯伯不喜歡談論他那反覆發燒、感染、漸漸無力的身體，也不曾直接告訴我們，他是如何面對或思考自己不久後將離開的肉體，但他必定有覺察、有省思、有探索、有體悟。

或許，喬伯伯正在與他深不見底的大智慧融會貫通。

等時機成熟、思考得完整了，他將會願意與我們分享這份人生智慧。

伯伯沒問題的

出院回家休養一陣子後，喬伯伯又再度住院。然而這回，他沒辦法再和我玩拼字遊戲或分享靈魂的故事。他的意識開始變得有些混亂，身子虛弱得無法下床，一下子吵著要下樓逛逛，一下子又清晰地表達想要回家。

我一邊安撫他，一邊陪著他聊天。

「你認得我是誰嗎？」喬伯伯問我。

「當然認得，你是喬伯伯啊。」我笑著回答。

聽了我的回答，他露出滿意的表情，沉默片刻後，微笑著對我說：「伯伯沒問題的。」然後再度闔上雙眼。

看他說這句話時的堅定神情，我相信，當下的他是意識清楚的。以我對喬伯伯的理解，我猜他是想告訴我：別擔心，縱然肉體已如風中殘燭，但他的靈魂仍是那麼的飽滿、強壯。只不過我沒料到，這是他和我說的最後一句話。

兩週後，喬伯伯的家人傳來告別式會場的照片，我一眼就認出那張寫著「拼字大王」的獎狀。他的子女附上這段訊息：

爸爸生前很珍視安寧團隊頒發給他的這張獎狀，我們特地把它布置在會場，讓來賓也能一同分享爸爸的這份榮耀。

療心錦囊

病人是自己生命經驗的專家

剛踏入安寧領域時，背負著醫療團隊和家屬對心理師的期待，我就像個手持放大鏡的偵探，總是致力於要找出病人的情緒「問題」，同時努力運用心理學知識與技巧，試圖去處理這些「問題」，好讓這些不正常的狀態經由我的專業評估及處置後，能恢復正常。

如此的思考和照顧模式看似合理，但是在實際陪伴安寧病人時，卻讓我面臨許多碰壁的經驗，像是喬伯伯的沉默不語，以及「可以問點別的嗎？」的直接表達。

照顧喬伯伯的經驗，啟發我試著重新定義安寧工作者的專業展現。比起執著於過去以自己為主體的「專業」評估和介入，我選擇**全然地尊重眼前的這個人，把他視為他的生命經驗的專家。秉持著好奇心，與他共同探索他生命的獨特之處，陪伴他一起看到**

他人生的亮點，再次體驗它、豐富它，並為這些重要的片刻賦予意義。

或許正因如此，喬伯伯有機會**跳脫「末期病人」的角色，不再只被困在單薄的生病故事裡，甚至能夠在生命終點之前，活出他想要讓大家記得的樣子。**

喬伯伯往生時，我在他耳邊輕聲對他說：「謝謝你教會我的一切，謝謝你傳授我你畢生的智慧，你的靈魂和精神永遠在我心裡。」

以前，我總是似懂非懂地說著「病人是我們的老師」。但直到遇見喬伯伯，我深刻體會到，眼前的病人是如何用那生命的菁華、靈魂的力量，灌溉和滋養著我們，也才真正懂了，什麼是末期病人的幽谷伴行。

二、給自己寬容，生病不是任何人的錯

——增進自我的心理復原力

請告訴我要怎麼解決

情緒有話要說

如果你願意，我可以陪你談談你的感受、你的心情。

有時候，這是無解的難題

常常有人問我：「你的工作每天都要面對生離死別，壓力會不會很大？」

仔細回想，工作中最讓我感到壓力的，往往不是近距離接觸死亡的震撼，而是看著病人的身體每況愈下，自己卻沒有能力幫上忙，無從協助他們解決當下最困擾的事。

平時在諮商中教導案主因應生活壓力的思考策略、放鬆方式和轉念技巧，當與末期病人的困境擺在一起時，總會顯得有些不食人間煙火。

遇到病人問：「心理師，我該怎麼面對死亡？」「身體一天比一天虛弱，我該怎麼做？」很多時候最令我覺得挫折與無力的，是心裡其實和眼前向我求助的病人一樣，沒有答案。

從沒想過會生這場病

鐵哥是我在安寧病房工作第二年遇到的病人。

四十多歲的他正值壯年，幾年前診斷出罹患一種高惡性度的腫瘤，接連開過幾次刀，並積極接受化療。有一段時間，他還能一邊上班，一邊穩定地在門診做化療及追蹤。然而過了一年多，腫瘤復發，更換過幾種治療處方卻都效果不彰，腸胃道阻塞的情形也愈來愈嚴重。最後，腫瘤科醫師建議他選擇接受安寧緩和照顧。

初次和鐵哥在安寧病房見面時，他坐臥在病床上，姊姊在旁邊陪伴著。見到我，兩人親切又客氣地招呼我坐下。

談話的過程中，鐵哥一度因為腹脹和頻頻打嗝，請姊姊代為發言。

「我是比較樂觀的人，我弟弟就很愛胡思亂想。他現在整天躺著，要他看電視轉移注意力，他也不要。我覺得他沒有紓壓的方式。」

我轉頭看向鐵哥，問：「你平常喜歡做些什麼事？」

「他特別熱愛運動，以前都是比鐵人三項的。」姊姊幫忙回答，看得出來和弟弟感情緊密。

鐵哥表情無奈，雙手一攤地表示：「但現在什麼都不能做。」

姊姊拍拍他的肩膀，說：「想開一點，人生就是這樣。」

他有些無奈地點點頭：「現在也只能坦然面對。」

我同理鐵哥面對病情走向的無奈心情，也試著解讀他表情背後隱微的感受，回應他：「不過，要坦然面對真的不容易呢。」

鐵哥嘆了口氣。「是啊，做不到……唉，知易行難。」

姊姊說，鐵哥是在健檢的時候發現癌症。

「他以前很養生，又注重健康，沒有想過會生這個病。但是他非常勇敢，化療了幾十次，從來沒有放棄。如果不是得到這種難治的癌，以他的勇敢和堅持，應該可以好起來。」姊姊的語氣中難掩落寞。

我對鐵哥的毅力感到無比佩服，但也好奇地問他：「**在這麼堅持的態度下，是什麼**

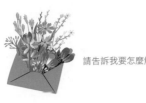

情況讓你決定不再繼續化療，選擇安寧這條路？」

他思考了半晌才開口：「其實每次化療前後真的都很辛苦，這幾個月來，治療又都不見起色。我們詢問過幾個醫師，他們都給我同樣的建議。」停頓一下後，他繼續說：「後來想一想，人生好像終究都要走到這條路。既然要走，就坦然面對吧。」

我看著他，向他回饋我的感受：「鐵哥，在我心中，你依然很勇敢。即使沒辦法繼續抗癌治療，還是勇於面對一切，也很努力要讓自己做到『坦然』。」

他對我點點頭。

每天像在等死！

一個星期後，我再次踏入鐵哥的病室。

姊姊看我進門，請我在病床旁坐下，但這次她似乎沒有意願主動參與談話，眼睛繼續盯著電視。鐵哥轉頭看我一眼，流露出的眼神與表情和上次親切、友善的樣子判若兩人。

這讓我想起前一天在安寧團隊會議上，聽護理師描述：「鐵哥最近提到想要趕快離開人世。他常常抱怨護理師沒有幫他處理身體不適的問題，讓他的情況愈來愈糟。另外，他似乎對於現在的外表感到很介意，不斷強調自己變得很瘦。」我不禁推測，鐵哥態度的轉變與這些狀況的變化有關。

「好幾天不見，你好嗎？」我率先打破沉默。

「你說呢？」鐵哥冷冷地回應。

猛然被他這麼一問，我一時之間慌了手腳，笨拙又直覺地回答：「好像變瘦了一點。」或許是我哪壺不開提哪壺，一下子就觸碰到鐵哥最在意的部分，他馬上反問我：「你可以給我建議嗎？告訴我要怎麼解決這個問題。」他的口氣讓我感到壓迫。

我下意識地想逃避這個我也無解的問題，於是像打桌球一樣，把難題再彈回給他：「你自己有想到可以怎麼解決嗎？」

他突然提高音量，激動地說：「你怎麼會問我這個問題？我怎麼會知道?!你也太天真了吧！竟然問我可以怎麼解決，呵！」語氣充滿嘲諷。

他強烈的反應讓我慌亂而不知所措，怯生生地解釋：「我知道你很希望有人可以給你一個答案，但是我真的沒辦法回答你身體上的問題。」

他看都不看我一眼，只「哼」了一聲，接著開始抱怨住院費用又貴，又沒有得到幫助。

「我住在這個套房，每天花三千元。你看，天天聽著樓下的救護車鳴笛聲，房間裡還有蟑螂。要怎麼睡？我花那麼多錢，就只有打打點滴。每天像在等死，躺在這裡什

麼也不能做，只能看電視，等日子。」

聽鐵哥愈說愈生氣，姊姊出聲制止，叫他別再挖苦我，但我請姊姊讓他繼續說下去。**我知道在他的情緒背後，必定有些涵義。**

鐵哥捲起褲管，指著小腿對我說：「你看，這是我的腳嗎？這是誰的腿呀？告訴你，我的腿以前都是肌肉！」他更大聲地說：「所以你剛剛還問我想要怎麼解決，不要笑死人了！」他刻意提高音調強調。

說出這些話時，他的感受是什麼？

面對鐵哥砲火猛烈的揶揄，我一面試圖保持理智和冷靜，一面努力把受驚嚇與委屈的眼淚吞回肚子裡。**除了因突如其來的言語攻擊而措手不及之外，這也是第一次有病人用這麼犀利的方式，直接點出我在臨床工作上的失誤，以及最無能為力的地方。**

我深吸一口氣讓自己重新調整心情，並思考：說出這些話時，他的感受是什麼？

當我把注意力的焦點從自身轉移到鐵哥的身上時，好像慢慢地比較能看到——**他的憤怒其實不是針對我。**

或許，他的憤怒是氣自己的身體為什麼會變成這個樣子；氣整個醫院、氣現代這麼進步的醫療知識，竟然沒有辦法幫他解決疾病的問題。

於是，我放慢速度，試著從每一次簡短的回應中，去同理他對內和對外的挫折感、無助與氣憤。

終於，鐵哥的語氣逐漸和緩下來。「抱歉，我剛剛說話太大聲，太激動。」他說他最想要的目標就只是「健康」，並希望醫療團隊能告訴他要怎麼變得健康。他指著桌上的營養品，無奈地說：「每天都只喝這些，你說夠嗎？你應該告訴我要補充哪些營養、還可以吃什麼，讓我照著去做……唉，不想說了。」他搖搖頭，嘆了口氣，縮回被子裡。

看他高張的情緒稍微消退，我也比較穩住了心情，走上前，輕輕握著他的手。「我知道你覺得住院不只沒有讓你好起來，還愈來愈瘦，感到很生氣、很無助、很不甘心。現在你很希望有人可以告訴你補充營養的方法，讓自己不要一直消瘦，維持繼續治療的本錢。」

我老實地對他說：「我也好希望自己有能力告訴你可以怎麼做。但是營養的事、醫療的計畫不是我的專業，我真的不懂，沒辦法回答你。」

他用力回握我的手，問我：「你是心理師，從你的角度要怎麼幫助我？」

「如果你願意，我可以陪你談談你的感受、你的心情。」我說。

他搖搖頭：「每次都只是跟你吐一些苦水而已，沒用嘛！」

沉默了一會兒，他突然開口問：「你會害怕我們這種病人嗎？有些人覺得我們這種病會傳染耶。」

我看著他的眼睛，告訴他：「對我來說，你就是一個很認真為家庭和工作付出、熱愛運動、很勇敢、很堅持的人，只是剛好生了病而已。」接著半開玩笑地說：「而且如果害怕的話，我怎麼敢握著你的手呢？」

聽了我的回答，鐵哥露出淺淺的微笑說，他剛剛問我的問題，其實不太敢跟醫師講。

「我和你比較談得來，其他人都來去匆匆。而且醫師如果聽到我說的話，很可能會要我現在就出院回家。我也怕一旦回家，出血的時候，不知道該怎麼辦……」他支吾道。

最後，他為自己有些失態的言行反應做出解釋：「你是心理師，我知道你比較有空間可以理解病人的心情，能理解我說的很多話其實只是一時的抱怨和發洩，並不是我的本意。」

當情緒被承接時，沉重的感受也被分擔了

時隔多年，和鐵哥之間的對話仍讓我記憶猶新，那是我第一次強烈地體會到「面對病人的困境，自己也無能為力」的挫折感。

身為安寧心理師，對於病人當下最在意的身體症狀、治療或生命的走向，常常沒辦法提供有效的方法去幫助解決問題，甚至很多時候也跟著病人一起被卡在困境裡，動彈不得。隨著臨床經驗的累積，現在的我或許有更成熟的提問和沉穩的應對方式，能避免與病人一起掉入漩渦中，不過，回望過去那段和鐵哥的互動經驗，讓我發覺了安寧心理師工作的另一種可能性：當個稱職的垃圾桶。

即便鐵哥嘴上抱怨著「每次都只是跟你吐一些苦水而已，沒用嘛！」但是**當他的情緒在談話的過程中，漸漸被承接、反映和理解，某個程度上，他心中那些難以說出口的沉重祕密與感受，好像也一點一點地被分擔了。**

原來，把工作的焦點從解決身體症狀轉向「情緒的疏通」，也是我們能試著努力的方向。

療心錦囊

身旁的我們，做個「稱職的垃圾桶」也很好

在面對身邊罹患重大疾病或是病況惡化的病友或其家屬時，我們很可能都會經歷到這種感覺自己幫不上忙、無能為力的心情，這時候常常不自覺地變得心急，好像非得給出實質的建議或做法才有價值，才算得上協助。

然而，從陪伴末期病人的經驗中，我漸漸發覺：當我們不知道還能為對方做些什麼的時候，或許專心地當個垃圾桶，做個好的「傾聽者」，也是另一種可行的方向。

〈人際連結也可能是把雙面刃〉一文曾提及：做為陪伴者，當病家願意在我們面前談論自己的狀況、吐露心情時，**「專注地傾聽」比說話、給建議或提供比較更重要。**延續這個概念，如果病家在我們面前呈現強烈的沮喪、失落、悲傷或憤怒等情緒時，我們千萬要穩住陣腳，**盡量避免逃避、否認或轉移話題——因為這反而可能是我們更能夠貼近對方的機會。**

此時，請試著做幾個深呼吸，先把自己安定下來，然後在腦中問自己：

・他經歷了哪些事情？
・為什麼他現在會有這些情緒、感受？
・他是怎麼思考這些事情的？為什麼？

一旦我們能將注意力放在對方身上，不被自己當下的焦慮、煩躁牽著走，就更能去理解眼前的這個人，站在他的角度思考，更有餘裕好好地聽他說完他想說的話，看到他背後真正的心情和需求。

這個時候，我們的焦點已經默默地從解決那些無解的問題，轉向情緒的表達與理解、建立彼此之間更深層的連結。而這正是做為陪伴者的我們最有價值的地方。

他們都說我不夠堅強

生病不是任何人的錯

將心裡的複雜感受簡化為「挫折忍受度太低」，對你來說並不公平。

「主動」找心理師談話的病人

腫瘤科病房的專科護理師打電話來告知，有個病人主動表示想要找心理師去看她。她告訴護理師，內心有些想法沒辦法跟家人和朋友說，所以想和心理師談談。

我聽了很訝異，因為平時在癌症醫院的照會工作裡，很少遇到病人主動提出心理介入需求。通常都是醫護人員從日常照顧中，觀察到癌症病人或家屬有某些情緒或行為表現，再由醫療端發起心理照會，病人或家屬只是「被動」地接受團隊安排心理師進行訪視和會談。

護理師先向我介紹這位病人「琳恩」的大致情況。五十歲的琳恩在高科技產業擔任高階主管，兩個月前因為出現黃疸至醫院檢查，結果卻發現罹患了肝癌第四期。一經確認診斷，她就在醫院接連進行了數次抗癌治療。

前陣子，主治醫師說琳恩的治療「看起來有部分成效」，原本計畫等這次化療的療程結束後，她就可以暫時出院，回家休養。不過幾天前的一波感染，使得出院計畫又必須再往後推遲。

「她是個很有自己想法的病人。」電話中，專科護理師這麼形容她。

一種前所未有的空虛

約定訪視的這天，琳恩坐臥在病床上，一見到我，她便請家人至病室外迴避，她想單獨和我談話。

「活著沒什麼意思。」

家人一從視線離開，她就單刀直入地道出心裡最大的困擾。我點點頭，示意她繼續說下去。

「我現在連站都站不直，走路也沒辦法好好走，這樣子活下去真沒意義。」她皺眉看著身上的幾條管路和點滴。「你知道嗎？雖然跟醫院裡其他的癌症病人相比，我看起來好好的。可是以前的我只要出現在別人面前，一定都穿著高跟鞋，走路抬頭挺胸，現在的我卻怎麼樣也沒辦法維持那個體面的樣子。」她的語氣滿是失落。

「那天醫師說如果治療往好的方向發展，希望能幫我拆掉管路，讓我回家生活。」說這句話時，她卻沒有半點雀躍，無奈地繼續訴說：「我問醫師這樣的日子可以維持多久，他只表示他也很難回答。然後我又問：『那如果是壞的方向呢？』他告訴我：『以你的狀況，隨時都可能有變化，即便抗癌治療有效果，但只要一不注意，有個細菌感染，敗血性休克的話，大概兩、三天就走了。』」

她望著天花板，嘆氣道：「我真的很想知道，我要『走』的時候會是哪一條路。但醫師沒辦法給我答案。這個世界上，沒有人有答案。」

「確實，如果知道了答案會安心一些，偏偏這個問題無解。」我點點頭回應。

「老實說，我寧願是敗血症，至少這樣一來，沒意義的日子不用拖太長。」琳恩說出內心深處的聲音。

她一得知罹癌就把遺囑、財務和家人的生活都安排妥當。但是當把全部的事情都處理完後，赫然發現**對現在的她來說，生活中已經沒有事情是自己能夠掌握的了。**

「剩下的日子，我還能做什麼？」她感受到前所未有的空虛。

身心已千瘡百孔

我坐在病床旁，靜靜地聽著她的獨白。她沉默了一會兒，突然開口說道：「**其實我知道，我最大的障礙是沒有勇氣面對病魔的折磨。**」

這句陳述引發了我的好奇。我問：「是基於什麼樣的原因，讓你有這樣的想法？」

琳恩說她有個親戚從小罹患遺傳疾病，吃了很多苦，後來又被診斷患了癌症。但這位親戚在面對疾病時，展現過人的意志力，經歷了好幾次重大的手術和治療後，現在已經多活了十年，遠超乎醫師當初的預期。

還有一個同學去年罹患大腸癌第三期，經歷開刀、治療後，還是非常樂觀地生活，常常在社群平台看到他打卡。

「**我覺得我不像他們有那麼強大的意志力。**」琳恩消沉地說。

「嗯，哪些事情讓你感覺如此困難？」我問。

「現在的我活得不像個人。站都站不直，身上千瘡百孔。」罹癌後的生活品質和自我形象與過去的她相差甚大，她形容自己現在就像個失去求生意志的人。過去的生活幾乎都能按照自己的想法走，絕大多數的事情都會合自己的意，她的人生從來不曾遇過這麼大的挑戰。

「我是個很幸福的人，從不曉得什麼叫做吃苦。就連在職場，也不需要太多的努力就能做得很好。」

許多朋友很佩服她能待在知名的高科技產業公司，以為她的工作內容很困難、很高壓。「但其實我們有非常細緻的ＳＯＰ，只要不偷懶、不自作聰明、夠小心謹慎，每一個動作都按照標準程序去做，百分之九十九都不會出問題。」她自信滿滿地表示工作對她而言一點也不困難，她掌管的部門的錯誤率極低，一直以來都是業界的標竿。

一提到工作，琳恩的精神就來了，滔滔不絕地分享三十年來在職涯上的成就。但講著講著，話鋒一轉，她又掉進懊惱的泥淖裡。

「**每當我覺得現在這樣的人生沒什麼意思時，家人總說是我不夠堅強**。我何嘗不想樂觀、正向？可是，我真的做不到，只能強顏歡笑。」她喪志地說：「我不想把負向的感覺表露出來，感染給身邊的人，所以才找你來，向你發發牢騷，因為你對我而言是局外人。」她苦笑。

原來這就是琳恩主動找我的原因：跟一個不存在於她現實生活中的人，訴說她心中有失體面的「窩囊事」。

最後，她為自己的感受歸納出總結：「**都是因為我的挫折忍受度太低了。**」

即使壓力源相似，反應也可能天差地別

聽了琳恩的「告解」，我首先感謝她對我的信任，謝謝她願意向我展現最真實的心情，**無論是對疾病、對未來的恐懼，抑或對自己的失望與自責——一個人要坦誠地面對這些感受並不容易。**

我試著去同理她在這段期間所經歷的各種失落，陪著她一起哀悼因為疾病而失去的一切，包括被迫中止如日中天的事業和一路順遂的人生；猛烈的疾病和治療，讓她不再能保有體面的形象，甚至活得「不再像個人」；很難再憑一己之力，完成所有她想達成的事情。現在的她，離那個大家口中尊敬、崇拜的「琳恩姊」，似乎變得愈來愈遙遠。

琳恩默默拭去眼角的淚珠，聽我繼續分享「我看見的她」。

謹慎、細膩的性格，強大的規劃和執行力與掌控大局的魄力，是她一直以來面對各種挑戰的優勢。過去，她秉持著對科學數據的信任，嚴格遵循精密的ＳＯＰ，以產業中極低的錯誤率，創造人生事業的顛峰。可是現在面對不按牌理出牌的癌細胞，同樣的特質、優勢與習慣，卻反而讓她踢到鐵板。

第四期癌症難以預測的腫瘤生長速度、各式各樣的併發症，以及沒有明確規則和步驟的病程，對習慣看到確切數據、需要掌控與規劃的她來說，帶來了前所未有的「失控感」，同時也讓她感到無比的消沉與絕望。

聽我將她的特質、習慣，分別與職場和疾病治療的處境做對比，琳恩突然破涕為笑。「對耶！剛剛我提到那個得大腸癌的同事，個性正好跟我相反。他比較粗枝大葉，從來不管什麼規定和步驟，過去還常因為不遵守標準流程被懲罰。我想他面對癌症時，應該沒有像我想得那麼細，要求這麼多。」

琳恩漸漸察覺，癌症與治療，跟過去她引以為傲的工作、人生規劃，光是在本質上就有著很大的差異。她也看見，原來不同的性格特質與習慣，會讓人即便是面對相似的壓力來源，也可能產生截然不同的反應。她原先執著、自責的感受與想法，似乎開始有些鬆綁。

「我認為，把心裡那些複雜、真切的感受簡化為『挫折忍受度太低』，對你來說是很不公平、甚至有害的。」我坦白地分享自己的觀點。「這一路以來，你的身心已經花費了很多力氣在承受疾病和治療造成的痛苦，這個時候，我們更要避免『自動化的負向思考』對自己帶來的傷害。」

偏頗的歸因和嚴厲的自我責備，往往比生理上的不適更容易對病人造成「內傷」。與癌細胞共處、接受治療的日子裡，感到失落、無望、挫折、恐懼等情緒，都是很正常、自然的，每一個人都會經歷到。而面對這些心情，需要用「自我關照」來取代自我責備。

第一步，就是允許自己的低潮。然後對現狀、對壓力的來源、對自身感受與想法，好好地思考和釐清。

只有在情緒被看見、被理解、被接納、被消化之後，才會有更多的心理空間，幫助我們去看到不同的可能性，也才有辦法更彈性地思考，採取不同的行動措施。

「謝謝你今天主動向專科護理師提出心理需求，給我機會和你談談心裡的想法和感受，讓我們有機會一起梳理這段辛苦的過程。」我對琳恩說：「也許慢慢地，你也會找到要用什麼樣的心態面對後續的治療和生活，找到方法來看待並接納或許你現階段覺得不那麼體面、輝煌、耀眼的——『你』。」

在生活之中，與治療共處

一週後，琳恩順利出院了，同時在等待基因檢測報告，尋找後續更合適的治療方式。

上次會面之後，她不曾再請我去談話，醫療團隊也沒有特別觀察到她在那一週裡，有明顯的情緒困擾或行為表現。倒是有好幾次，我在醫院大廳遠遠地看到琳恩的身影。她穿著病人服，表情一派輕鬆，有時悠哉地在人群中排隊買咖啡，有時則站在門口，和前來探訪的友人聊天。

或許，她已經漸漸找出一個能繼續生活和治療的平衡了吧。

療心錦囊

增進面對疾病時的「心理復原力」

現在的心理健康概念，強調的已不是「挫折忍受度」，而是「復原力」。

也就是說我們在遇到壓力或困難時，需要的不只是一直忍耐、強迫自己樂觀和勇敢，更重要的是當我們經驗到挫折、恐懼、失落等狀態時，有沒有辦法好好消化這些感受和心情，運用身邊的資源，找到適合自己特質的方式，從壓力或挫折中適應、復原，甚至在過程中有所成長或改變。

大腦是可以學習和鍛鍊的。我們可以透過以下的方法，增進面對疾病時的「心理復原力」：

癌症心理師的 療心錦囊

1 情緒急救錦囊

思考自己的「情緒急救錦囊」，列出幾項在日常生活中，可以與低潮或負面情緒共處的方式。

例如：覺察到自己開始胡思亂想時，就放下手邊的事情，去戶外走走、喝杯咖啡，或做三十分鐘的運動等等。

2 練習自我覺察

平時就練習、養成自我覺察的習慣，當發生不如意的事情，待情緒稍微穩定下來時，可以試著透過自我對話的方式關照自己，向內在探索。

例如問自己：

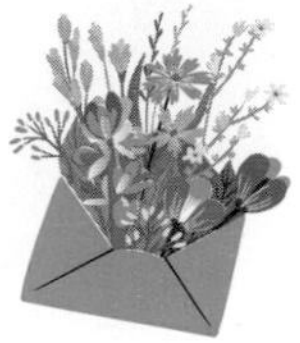

- 我現在遇到了什麼事？
- 我現在有什麼感受？身體的感覺怎麼樣？
- 我會有這樣的感覺，可能與哪些原因、哪些心裡的想法有關？

3 訓練彈性思考

常常試著以不同的角度看事情，訓練思考的彈性。

例如：每天睡前寫下三件感恩的事情，讓大腦練習去注意不同的面向。

另外，針對一個困擾的情境，與信任的家人、朋友討論各自的看法與感受，也是很好的思考練習。

4 保有人際互動

生活中，持續保持「有品質」的人際連結、互動和溝通。

有困難時，要主動求助、尋求支持，不要獨自面對。

擁有一個可以用生命去愛的人

知道自己為何而戰

我們以為自己別無選擇，但事實上，已經在不知不覺中做出了選擇。

「其實你也可以選擇逃走，為什麼你還是留下來接受治療？」

「其實你也可以選擇逃走，為什麼你還是留下來接受治療？」這是我時常問病人的一句話。

通常病人一聽到這個提問，會先愣住幾秒，然後說出一個他們過去可能從來沒有認真思索過的答案。小如的回答背後，沉積的是她無從化解的悲傷。

如何讓自己努力活下去

年輕的女病患小如是由醫師轉介來我的診間。三個月前被診斷患了乳癌的她，才剛動完乳房切除手術不久，緊接著要開始進行化學治療的療程。

醫師在與小如互動的過程中，感覺她總是悶悶不樂，對於即將面臨的化療雖然說不上特別緊張，但也感受不到她的積極與對治療效果的期待。於是他請小如在療程開始之前，先來和我談談。

會談初期，小如的眼神與我幾乎沒有交集，只是面無表情地兩眼直勾勾盯著地板。我請她談談罹癌至今的心情與感受時，她這樣為自己開場：「我……到現在還是不能接受自己得到癌症。**我覺得很生氣。**」

她說她一向都很在意別人的眼光，所以很擔心別人看到她，會嘲笑她「怎麼這麼年輕就得到癌症」。現在光是每天頂著假髮從住家大樓的警衛面前經過，對她而言就是十分煎熬的事。

罹癌後，她覺得自己一直處在被動、挨打的狀態，被醫師和家人推著往前走，不管是之前的乳房切除手術或即將到來的化療，都是如此。直到住院開刀的前一晚，她心裡都還是很抗拒，下不了決定，不斷在腦海中替自己想各種後路。

「我看到別的病友都很愛自己，很努力地想活下去。只有我，不知道為何而治療……」陷入沉默一陣子後，她抬起頭，緩緩地說：「其實我常常在想，就這樣死了也好。」

看著小如迷惘的模樣，我決定朝她投個直球，讓她來回答自己的疑問。

「其實在這些過程中，你也有機會選擇逃走，不開刀、不治療。但為什麼你還是留下來，甚至今天出現在這裡呢？」我問她。

她聽了，先是愣了一下，然後說：「現在的我，沒有一個可以用生命去愛的人。」

喪親的哀傷，阻礙她全心投入

「我姊姊前年過世了。姊姊的離開對我打擊很大，可是大家都叫我不要一直想她。」小如顯得十分落寞。

這兩年來，「姊姊」兩個字在家裡像是禁忌，不容許被提起。一旦有人不小心提到，其他家人就會迅速地轉移話題，所以小如只能一直壓抑著對姊姊的思念。

我感覺到她的無所適從。我推測，**心裡那股難以言說的哀傷與失落感，很可能就是**

現在阻礙她對於疾病的調適，無法下定決心全心投入治療的主因。於是我和小如分享一個喪親哀傷調適的概念。

「當我們經歷了生命中的重要他人離開時，在一般人的觀念裡，一段時間後，我們就應該要『放下，往前走』。可是後來有些專家發現，這並不是一種最好的方式，反而可能讓許多喪親者出現問題。」

這段話似乎引起了小如的興趣，看著她突然發亮的眼神，我繼續說下去。

「因為這些我們所愛的人，確確實實地出現在我們的生命裡，對我們的人生產生了重大的影響，影響我們怎麼看待自己，影響我們之所以成為現在的我。

「所以與其要我們『放下他』、『刪除有關他的記憶』，不如重新跟這個所愛的人『說Hello』，讓他的精神再次回到我們的生命中，讓我們繼續與他保有連結。」

我看著她，對她點點頭。

解開糾結，重新找回治療的動力

聽完這番話，小如突然豁然開朗，主動和我分享她的成長故事。

由於爸媽忙著做生意，小如幾乎是由大八歲的姊姊「姊代母職」照顧長大。「姊姊說小時候，她會幫我餵奶、換尿布。從我有印象以來，都是姊姊幫我準備晚餐，學校聯絡簿也是帶回家交給姊姊，她會模仿媽媽的簽名。」

回憶起過去姊妹倆互動的光景，小如逐漸露出笑容。

「姊姊即使結了婚，跟姊夫還是很照顧我，常常讓我去他們家白吃白喝。我一直想著等我賺夠錢，要買房子住在他們家附近，未來能夠互相照料生活。」她停頓了一下，接著說：「可是前年她因為意外走了……」

她的姊姊在一場國道的連環車禍中受到波及，送醫搶救後不治。

「你剛剛問我，為什麼我最終還是留下來接受治療……」她咬了咬嘴唇，「因為我想起姊姊出意外那天，我們趕到醫院後，爸媽悲傷的神情。我沒辦法想像若他們又面臨一次白髮人送黑髮人的痛，該如何承受。」

「只要想起姊姊走的時候，那種無能為力、無語問蒼天的心痛，我就覺得……開刀算什麼？化療打針算什麼？還有什麼會比生死更重要？」她噙著淚水說：「當想著到底要不要面對癌症的時候，我常常問自己：如果姊姊還在，她會怎麼做？她一定會罵我：『明明可以醫，你還不醫！』肯定會揍我。她還會寄一堆保健食品給我，然後逼問我回診日期，就算跟公司請假也要陪我看醫生。」

講到這裡，小如破涕為笑，聊起姊姊過去面對困境時帶給她的許多榜樣。談到最後，她回頭來看自己。

「我是個要求完美的人。過去的生活被人際、工作和感情壓榨，我對自己非常不友善，長期讓自己處在心情很不好的狀態。我想，就是因為這個原因吧，我得到了癌症。」

在這之前，「罹患癌症」這件事對於小如來說，彷彿人生「斷裂」了一樣，無論在理智上或情感上，她都無法理解「為什麼我年紀輕輕就得癌症？」。然而隨著她停下腳步，重新回頭檢視過去的生活與心情起伏時，對自己罹癌有了一番新的見解：重點不在它是否正確或真實，而是意味著，**這些被歸納出來的「原因」，很可能其實就是一直以來讓她深感壓力或困擾的事情，只是很少浮出意識或被認真看待。**

當一個人有了這樣的覺察，也就踏出了改變的第一步。

會談末尾，小如問還有沒有繼續與我諮商的機會，她想要透過諮商，好好地學習如何接受不完美的自己。

「我希望自己在接下來的療程中，可以不要那麼在意別人的看法，不要一直被負面的想法干擾，能夠順利完成化療。」

「看來，你已經為自己找到接受治療的動力了。」我欣慰地笑了。

允許自己悲傷

曾看過一段關於喪親與失落議題的論述：

一個人的自我認同是由社會所建構出來的，我們如何認識自己、定義自己，跟我們覺得「別人怎麼看待我？」、「我的生命與誰有關聯？」、「我的歸屬來自何處？」等有關。因此，當失去生命中的重要他人時，我們除了失去與這個重要他人的連結，也失去了一部分的「我」，失去了一部分的自我認同、對自我的認識。

小如失去姊姊後，似乎沒有機會好好地正視自己的悲傷，好好地哀悼。周遭的人避談姊姊的死，建議她要「放下，往前走」，這樣的氛圍不僅忽視小如悲傷的心情，也切斷了她與姊姊之間的連結。她一直以來對自己的認識與了解，似乎被掏空了一大塊。所以她才說，她找不到努力活下去的理由。

我試著讓小如明白，允許自己哀傷是重要的，讓姊姊的精神持續活在她的生命中也是重要的。

或許，這種面對失落的觀點解放了她內心的壓抑，讓她終於能寬恕自己對姊姊的思念與哀傷，再次和姊姊「說Hello」。

隨著與姊姊之間重建連結，小如開始思考要怎麼樣為自己的健康付出更多努力，怎麼樣讓自己盡量不受影響、更穩定地完成治療的療程。

療心錦囊

建立「篤定」的力量和信念

對大部分的病人與家庭而言，癌症治療有如一場艱辛的戰役，無論在身體、心智、外觀、工作、生活作息、社交互動等面向上，都可能面臨前所未有的改變。

因此，協助病人確立他們「之所以接受治療」或「想要恢復健康」的動機與動力是非常重要的。我相信，當我們面對著身體與心智上的重重考驗時，內心有一股「篤定」的力量和信念，有助於我們度過難關。

這也是為什麼我常常在會談中，引導病人思考「即便痛苦，即便千百個不願意」，他還是「選擇」留下來接受醫療的原因。

癌症心理師的
療心錦囊

當生命面臨艱困的時刻，我們常常誤以為自己「別無選擇」，但事實上，我們已經在不知不覺中做出了選擇。

身為心理師的工作，便是要協助病人把心中隱微的力量、價值觀，以及不容易說出口的在乎，提升至意識層次，覺察自己「為何而活」、「為何而戰」。

切記，這些難能可貴的動機和動力，並不是由他人「強加」或「給予」病人的。而是**病人透過被關心、被支持、被聆聽、被理解的經驗，自己自然而然產生的頓悟或覺察。**

先生緣，主人福

不讓你孤零零地經歷這一切

傾聽並理解眼前這個病「人」背後的故事。

明白病人「缺席」的心情

在腫瘤科工作的醫療夥伴們，對於這個狀況應該都不覺得陌生：原本規則治療、回診的病人，從某一天起，突然無預警地消失在看診名單上。

我們心知有極少數病患是令人遺憾地提早「畢業」了，但大多數時候，除非有個案管理師細心地進行電話聯繫及追蹤，否則團隊不大有機會曉得病人不再出現的原因。我們常習慣以「去其他地方尋求第二意見了」或是「逃避治療」，來替病人的消失下註解，這對醫療人員來說是最省時、最不傷感情的解釋方式，讓我們可以持續把心力放在照顧其他的病人身上。

然而同時，卻也因此失去了一些機會，去看到**病人在「缺席」背後所欲傳遞出的訊息——而這往往是病人在罹癌與治療過程中，最孤單、最難以被人理解的心情。**

尊重病人的「自主性」

腫瘤科病房來電照會，請我與一位剛入院的病人正玲聊聊。

正玲多年前在外院被診斷為乳癌，但那時在做過一輪治療後就徹底從醫療體系消失。這次她重回醫院完全是個意外：日前，她因身體不適到家附近的診所就醫，沒料到診所醫師一看了她的病歷便當機立斷，將她轉診到我們醫院的腫瘤科，並建議她立刻住院做完整的檢查與治療。

腫瘤科老早就聯絡正玲來住院，然而她總是祭出各種理由推拖，直到今天才終於點頭來辦理住院。她獨自一人前來，未見親友陪伴。當護理師要幫她的腫瘤傷口換藥時，她也堅持不假他人之手，希望一切由自己處理。

「我們不知道她在害怕什麼、逃避什麼。心理師，請你跟她聊聊吧！」腫瘤科醫師將這個任務託付給我。

聽了腫瘤科病房團隊對正玲的描述後，我決定捨棄以往主動至病床邊訪視病人的形式，改為邀請她到我的門診諮商室進行會談。藉由這樣的方式，希望讓對醫療仍處於高度警戒的正玲，保有一點隱私與安全感。

醫院的傳送人員推送正玲前來。進入諮商室後，光是從輪椅移動到沙發這段短短的距離，就費了她好一番功夫。

看著她緩慢地移動雙腳和臀部，在背後墊了一個又一個抱枕，努力嘗試找到能夠久坐的姿勢，其間我曾遲疑是否應該上前攙扶與幫忙，但終究還是打消了這個念頭，只對她說：「不要緊，慢慢來，我們不趕時間。」

第一次見面，我想我得**尊重她的自主性。**

我相信她會想要自己來，而我也願意等她。

痛苦豈是能比較的？

待正玲調整好姿勢，坐定位後，我開門見山地表明了與她會談的緣由：「醫療團隊

注意到你罹癌後，有好長一段時間沒有繼續治療，這次前來住院，又觀察到你似乎有點緊張。他們擔心你有些心情是他們來不及了解的，所以請我協助，希望藉由我們的談話，了解你心中的想法與擔憂，一起看看未來大家能怎麼幫助你。」

聽了我的說明與邀請，她的緊繃與防備鬆懈不少，一開口便哽咽起來。提起多年前被診斷為乳癌後所做的一輪化學治療，她說：「心理師，你知道嗎？那個化療的過程真的非常、非常、非常苦。」

每次打完化療後，有好幾天都不能吃、不能喝、不能走、不能拉，甚至連早上要離開床鋪都成問題。但因為知道年邁的母親看到她這副虛弱的模樣會難過，「所以我死也要爬起來。」她說。

她用盡全身的力氣，很慢、很慢、很慢地換好衣服，離開家門。

本來只要走五分鐘就會到的公車站牌，卻變得要走上一個小時才能抵達。「但我還是告訴自己，我不能待在家裡，我得出門。」

她每天會給自己一個任務，像是去圖書館把喜愛作者的著作全部借出來看過一輪，這件對一般人來說輕而易舉的事情，足夠花費她好幾個禮拜的時間。一個任務完成後，趕緊再訂立下一個目標，好讓自己有事情做，她便是靠著這樣的方式，度過化療過程的每一天。

正當我想肯定她很能為自己找到生活中的小目標時，她看著我，說：「人生活成這樣，還有意義嗎？」

對正玲來說，這些任務和目標都只是為了「活著」而打發時間的方式。但她想不透這樣的自己，究竟是為誰而活、為何而活。

每當接近要回醫院施打化療的時間，她都懼怕到喘不過氣。好幾次在獨自前往醫院的捷運上，差點昏厥。

「我曾想過要去死，但卻連去死的力氣都沒有。」她泛著淚說道。

由於身體真的無法承受，她曾哀求醫師延後化療的療程，但醫師板著一張臉對她說：「別人都能忍受，為什麼你不能？」

「當下我真的很想回醫師：如果能忍受，誰不想要治療？而且痛苦是能比較的嗎？那我經歷的這些、我每天的努力，又算什麼？」正玲流著眼淚，委屈又氣憤地說道：「我知道大部分的人能適應，但是我的身體真的受不了。全世界沒有人比我更清楚我的身體。」

任何選擇背後，一定都有原因

看著她陳述的神情，我彷彿能感受到她心裡的掙扎。

「在這麼痛苦的狀況下，你如何能撐過整整一輪的化療？」我問。

「因為『恐懼』。」正玲不假思索地回答：「醫師說我這個病沒救了，如果不治療，馬上會死。那時我還沒想好，除了治療，還有什麼其他的力量能幫助我。」

所以她只能靠意志力撐完化療的過程。

壓垮駱駝的最後一根稻草，是她好不容易撐完一輪化療後，醫師面無表情地告訴她，緊接著要再繼續進行下一輪的化療。

那真的讓她嚇到了。密集的治療計畫讓她看清，醫師只是在針對「疾病」、「統計數字」想對策，卻**沒有在乎她這個生了病的「人」，沒有考慮她的體力和心力能不能負荷這些療程。**

「我的身體告訴我，它實在受不了。所以我要離開醫院，找回自己的力量。」她說。

她下定決心要傾聽身體的聲音，去找一個能同時照顧到她的身體和心理的治療方法。

從醫院消失的這段時間，她試著與腫瘤和平共處，接觸靈性與心理學，每天看書、聽上師開示、參與心靈課程，重新思考自己過去的人生究竟是哪裡出了問題，去聆聽體內的腫瘤到底想和她說什麼。

透過不斷地反思與探索，她發現以前的自己活得太悲觀，總習慣把事情想成最壞的情況，讓自己避免經歷失望，也發覺原來自己一直以來在生活中默默承受了很多壓力。或許是過去這些自己沒注意到的思考習慣與無形的壓力，讓身體出現了變化，長出壞東西。

「這樣的發現和歸因，對你而言有著什麼樣的意義呢？」我問。

「**當我把腫瘤看作是上天透過我的身體，想傳遞給我的訊息時，好像就更有想要好好生活、善待自己的動力。**」她說。

這幾年間，正玲重新認識了自己，對生命有截然不同的體會。如果可以，她想要就這樣用全新的自己，與腫瘤「和平共處」下去。

直到最近，她因為腫瘤大到無法忽視、痛到受不了，不得不回醫療體系求助。

「其實我原本只是要到診所拿止痛藥，結果就被醫師轉到你們醫院的腫瘤科。」她吐了吐舌頭，表情猶如詭計被拆穿的小孩。

我用半開玩笑的口吻問道：「咦，你怎麼這麼乖？即使被醫師轉診，你還是可以不要來看呀。」

任何的選擇背後，一定都有原因。我好奇的是究竟基於什麼原因，對醫療如此懼怕與反感的她願意回到醫院，甚至住院。

思考半晌後，她說：「我覺得這間醫院的醫師好像能聽懂我的意思。我跟醫師說『我不想要做化療』，他竟然說好。我在想，或許這個醫師願意幫助我解決問題……還有，其實我也很想了解自己的癌症現在進展到什麼程度，我還能活多久。」她需要知道自己身體的狀況，才能決定要不要再次承受治療。

正玲的父親多年前也是因癌症往生。他生病後，總是嚷嚷著不要治療，但在家人的鼓勵與哄騙下，接受了化療。沒料到化療後不到三天，父親就走了。

「爸爸到臨終前都還跟我說他很後悔。」正玲的眼神裡閃過一絲落寞。「而我，我的生命就這麼長，真的沒有那麼多時間讓醫師嘗試藥物。」

聽到這裡，我好像懂了。原來正玲之所以這麼懼怕治療，不單單是受到過去那段毫無生活品質、讓她生不如死的化療經驗影響，父親臨終前的那句話更強化了她內在的恐懼。

看著眼前這個不輕易妥協治療的瘦弱女子，與其說她是消極地看待疾病、逃避治療，不如說**她正積極地避免重蹈覆轍，努力不讓自己像父親一樣，帶著遺憾走完人生的最後一哩路。**

把想法寫下來，主動向醫療團隊反映

會談尾聲，我再次跟正玲釐清：這次住院，她是不是只想先知道自己的狀況？她需要心裡有個底，才能好好思考接下來究竟要走哪一條路，無論是選擇接受治療或不接受治療。

同時也明白地告訴正玲，醫院有醫院的習慣和規則，醫療團隊通常會假設病人來就醫就是要求治癒，因此一定會把握時間，加緊腳步治療。

「但聽起來這並不是你的首要考量，對嗎？對你來說，比起尚未思慮周全就開始放人工血管、做化療，你可能寧願慢一點，給自己足夠的時間思索。」

我問她：「與其搶時間治療，你寧願承受沒有及時治療的後果，是嗎？」

正玲對著我點點頭，表情如釋重負。

療心錦囊

寫下來，主動提出溝通

我感謝正玲願意清楚地表達自己的需求與想法，並表示我會試著與腫瘤科團隊溝通，讓醫師知道她的考量和難處。

另外，也建議她把這些想法寫下來，趁著醫師查房時，好好地對醫師說明她的需求與背後的緣由，或許醫師了解後，願意與她一起想出最適合她的醫療計畫。

聽了這個建議，正玲面露難色，擔心不會有人願意聽她說，但我仍鼓勵她積極地進行溝通。「總是得試了才知道。」我對她說。

在醫院裡面，醫護人員每天面對的病人真的很多，**身為病人或家屬，有時候必須主動一點，讓醫療團隊不只看到疾病、症狀與數據，還有機會聽見關於眼前這個病「人」背後的故事。一旦醫療團隊對眼前的「人」多些理解，就更有可能提供符合病人需求的治療計畫。**

會談結束，送正玲回到腫瘤科病房後，我在門外待了一會兒。看著她在空蕩蕩的房間內，一個人吃力、緩慢地從輪椅移位到病床上的身影，腦海突然浮現許多病人和我分享過的這句話：「先生緣，主人福」。

我在心裡默默為正玲祈禱，盼望好不容易鼓起勇氣回歸醫療的她，在這段路上，有緣分遇到願意傾聽、理解她的醫師，使她重拾對醫療的信心，有專業的醫療團隊願意和她一起解決身體上的病痛，讓她不再是一個人孤零零地經歷這一切。

世界這麼可愛，我卻要走了

找回生活的掌控權

明天會發生什麼事情，沒有人能知道，重點是今天不能夠有煩惱。

夜夜從噩夢中驚醒

在安寧病房服務時，受限於末期病人的身體狀況與病房的空間設置，心理師的工作模式主要是透過日常訪視，直接在病床旁與病人或家屬互動、對話，是一種很彈性又生活化的心理照顧模式。

進入癌症醫院後，接觸到更多元化的病人，從檢查、初診斷、治療中到無法積極治療的末期癌症病人和家屬，都屬於我的照顧範疇。此外，癌症醫院提供了更豐富的空間與資源，可以從不同的角度切入做心理照顧。我開始邀請病人前來諮商室進行多次的會談，這種比較結構性，固定時間、固定空間的心理照顧方式，讓我看到非常不一樣的風景。

一天，主治醫師詢問我能不能和一位老人家會談。他描述這位耄耋之年的老太太的自理能力非常好，頭腦清晰，飽讀詩書，氣質文雅端莊，但自從一個月前被診斷罹癌後，她的生活突然亂了調，夜夜都從噩夢中驚醒。

雖然接下了這件任務，但我心中不免有些懷疑：以老太太的年紀，要做我的祖母都綽綽有餘，這樣的老人家真的有辦法進行諮商嗎？她會有能力與彈性，去談論情緒和內在議題嗎？

事實證明，我的擔憂是多餘的。

夢見自己走在路上，望不見盡頭

老太太獨自前來和我會面，一坐定便侃侃而談。

儘管這些年來身體偶爾有些小病痛，但她總是積極地看醫生、規律服藥，並且飲食清淡，每天風雨無阻地到公園打太極。不認識的人都以為她只有六、七十歲，親朋好友也一致認為她將會是家族中第一位百歲人瑞。

她對自己的健康信心滿滿，萬萬沒想到上個月，竟被醫師宣判為癌症末期。聽到診斷的當下，她的腦袋立刻像斷了線，雙腿癱軟，由子女攙扶著走出診間。

「我從來沒有想過自己的人生可能活不到百歲。」她說。

即便隔天就想通「人生自古誰無死」，但每每到了夜晚，她便不知怎的作起噩夢：夢到整個身體漫布著癌細胞，一點一點地侵蝕著她的器官；夢到自己在一條綿延不絕的道路上，一邊走，一邊喘，走著走著就斷氣了。

事實上，老太太雖然是末期，但身體至今並沒有明顯的不適感，目前只需要（或者說「只能夠」）服用標靶藥物控制。

「心理師，你知道嗎？我過了大半輩子的苦日子，好不容易把子女拉拔長大、成家立業，終於可以好好享受生活。我這二十年來過得很開心，晚輩們也很孝順，現在的我，真的覺得人世間很美好，活著是件多棒的事！」

敘述著這些時，她的眼神閃閃發光，下一個瞬間卻惋惜又無奈地問：「世界這麼可愛，我卻要走了？」

她其實並不怕死，只是想不透，為什麼老天爺不多給她一點時間享受得來不易的幸福。

有時候，她覺得好像因禍得福

每回來諮商室報到，老太太坐定位後便微閉上雙眼，開始細數一生，從兒時對父母的不諒解、成年後的事業重挫，到現在每一天的日常生活瑣事……描述時彷彿陷入回憶的漩渦，沉浸在自己的世界。

大部分的時間，一旁的我一句話也插不上，只需要聆聽——聽著她娓娓道出八十多年來的悲傷、快樂、成就和失落，**陪著她透過這個過程，重新整理與統合她的人生。**

漸漸地，談話內容雖仍透露出無法長命百歲的遺憾，但她也提到：「有時候我覺得好像因禍得福，有病似乎比沒病更享受。」

她開始思考，如果只剩下幾年的壽命，她就不需要這麼省吃儉用，一味將財富留給後代，而是寧願將金錢花在自己身上，好好給自己吃頓好料理、買套漂亮的衣服穿，活得開心些。

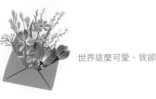

提醒自己：我已經很努力了

每次在會談結束前，她都會認真地看著我提問，像是：

- **心理師，可不可以請你告訴我，我有沒有心理問題？我有哪些部分需要調整？**
- **我該如何不去想自己已經是癌症末期這件事？**

面對這些問題，我心中也不見得有標準答案，只能與她分享自己陪伴病人的經驗。

「罹癌之後，每個人多多少少都經歷了害怕、擔心、焦慮、憤怒、悲傷等心情，而我們常常很自動地認為這些前所未有的情緒經驗是不好的、不應該的、要極力避免的。可是別忘了，生病是個事實，它真真切切地發生了，要我們完全不去想它，幾乎是不可能的事情。

「感到擔憂並不是你的錯，這是我們大腦自然的設計。很多時候愈是想要努力壓抑腦海中的念頭，反而愈容易去想起它。

「或許，我們可以試著先接受生病帶來的遺憾和害怕，接納自己真的很難過、很失落，但同時也提醒自己：『**我已經很努力了，我每天努力維持健康、努力過好生活，所以我現在的身體還能一如往常地穩定。**』」

有時我則選擇不直接回答她的疑問，只是一再地肯定她：「我眼中的你有多麼不簡單啊，即使身上有病症，仍然能把自己的每一天過得充實，心態上愈來愈隨遇而安。」而每每到最後，看著老太太專注聆聽的神情，我都會對她說：「在治療的這條路上，我願意陪伴你一起走。」

把所有煩惱講出來，煩惱似乎就沒有了！

每週一次的談話持續了半年，某天，老太太主動向我提出，她認為我們的會談可以先暫時停下來了。

上週回診的時候，醫師說她的癌症情況控制得不錯，片子上的幾個陰影甚至縮小了。「我覺得現在癌症對我來說，就像是得了慢性病而已。」她露出自信的微笑，繼續說道：「從前有很多事情我放不下、看不破，道理我都懂，但就是做不到。得病之後，驚覺到自己可能再過三、五年就要走了，突然悟出以前沒有的體會，珍惜現在擁有的生活。俗話說『人有旦夕禍福，月有陰晴圓缺』，明天會發生什麼事情，沒有人

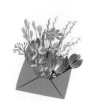

能知道，重點是今天不能夠有煩惱。」

會談結束前，老太太重複述說著：「這個心理諮商究竟到底有什麼magic？」

她說談過幾次後，原本夜夜困擾的噩夢再也沒有出現，不僅可以呼嚕呼嚕地睡午覺，連吃了幾十年的情緒藥物也順利減量，她很感謝有這樣的傾訴管道。

「每次我嘰哩呱啦地講，你幫我一句、兩句地抓出我想表達的意思，很有耐心地聽我說，給我信心。好像每個禮拜來這裡，我把所有的煩惱講出來，煩惱就沒有了。」

療心錦囊

最要感謝的人是你自己

這半年來，看著老太太從初診斷時的極度驚嚇，經歷各種無語問蒼天的「為什麼」，再到慢慢接受自己的狀態，現在已經能找回生活的掌控權，過好生命的每一個當下，我的內心也深受感動。何其有幸能有機會深入地陪著這個有智慧、有故事的老人家，經歷這段艱辛、卻又不得不走過的一段路。

癌症心理師的

療心錦囊

她願意信任我們的關係，願意把自己的生命經歷與內心故事，毫無隱瞞地表達與抒發出來，好好去梳理和釐清自己人生中所有的喜怒哀樂。是這些原因和努力，讓她的心情有辦法安定下來，好好地過著這份得來不易的幸福日常。

我最想對她說的是：

其實，你最要感謝的人是你自己。

三、照顧者好受，更能幫助病人好過

——關懷家屬的心情和感受

我擔心他知道自己的病情，會失去求生意志

「病情告知」的糾結

你們都好替彼此著想，擔心對方難過，然而，你們其實比對方想像的更堅強。

該不該讓病人知道實情？

在腫瘤科病房的照會工作裡，有一種情形很常見：病人的治療狀況不盡理想，家屬不曉得該不該讓病人知道實情，因為擔心病人知道了，會失去求生意志。

然而一而再、再而三地隱瞞，也讓家屬內心承受了極大的壓力。

面對這個揪心的難題，病人和家屬心裡往往各有其為難與顧慮。

情緒潰堤的妻子

甫退休就發現罹患胰臟癌的王伯伯雖然持續接受化療，但癌細胞轉移的狀況未獲得明顯改善。

這次，王伯伯因為嚴重腹痛而入院治療，然而在打完化療藥物後，腸胃道還是堵塞得厲害。醫師婉轉地告知家屬：「評估起來，再繼續進行抗癌治療的效果有限，或許是時候……考慮安寧緩和治療。」

聽到這個消息，王太太當場情緒潰堤，不斷哀求醫師不要讓丈夫知道這個狀況。「拜託你們，能救就救，只要有什麼藥可以用，不管多少錢都沒關係！拜託你們……」見王太太如此崩潰，護理師詢問要不要請心理師來與她談談，但她回絕了護理師的好意。儘管如此，盡責的護理師還是很擔心王太太的狀態，於是拜託我編個理由，和她見上一面。

隔天，我經過王伯伯的病室，「恰巧」在門外與王太太碰個正著。不意外地，才剛聽我表明心理師的身分，她馬上就在胸前比了個大叉叉，阻止我踏入病室。

我趕緊告訴她：「我只是受醫師之託，前來關心您照顧丈夫的身心壓力。」才讓她稍稍卸下心防，和我在走廊上談起話來。

「王伯伯住院的這幾天，您心情上是怎麼過的呢？」

我才一開口，王太太就潸然淚下。「這幾天我都沒辦法睡覺，因為擔心有人不小心透露病情給我先生，又怕他知道後，心情一落千丈，會失去求生意志……」

「嗯，真是辛苦了……聽起來，您真的很擔心，也很捨不得王伯伯受到打擊，所以一直處在很緊繃的狀態。」

我試著同理這份擔憂與焦慮，同時也試著引導她去看一看，**埋藏在她的擔憂念頭底下，丈夫對於自己疾病的主觀認知和反應究竟是什麼**。「就您的觀察，您覺得王伯伯是怎麼看待自己的身體狀況呢？」

她思考了半晌後，紅著眼眶說：「他痛起來的時候，曾經要我們趕快讓他走。」

聽了這個回答，我可以猜想，這就是她之所以這麼擔心一旦丈夫得知病況惡化，會失去求生意志的原因。

「不過人在不舒服的時候，難免會有這樣的念頭嘛！只要身體舒服了，我想他就不會這樣想了。」王太太緊接著又補上這一句，好似在對著自己精神喊話。「所以這幾

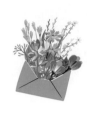

天，我一直在想還有什麼方法可以救他。我想再帶他去尋求中醫的幫助。」

「嗯，嗯。」我點點頭，看著王太太，想要傳達我能理解她的心急。

「但他就是不要！他說之前已經做過了，沒有效，他還是比較相信西醫……」王太太說到這裡，哭得更傷心。

幾秒鐘的沉默之後，她道出了內心深處的矛盾：「**我們真的很想要救他，但是又怕違背他的心意。**」

多麼不容易的事

其實，王太太心裡是明白的。她知道丈夫不願意再繼續這些辛苦的嘗試，只是她還沒有做好心理準備，去想像和面對丈夫未來生命的走向。所以，她只能暫時用「只要我們不說，他就不知道」的想法催眠自己。

我試著和她分享一個案例，想讓她感覺心裡的矛盾與煎熬並不孤單，希望能帶給她多一點點的勇氣去思考丈夫現在的心情，進而開啟兩人之間溝通的可能契機。

癌症心理師的
療心錦囊

從彼此著想、避而不談，到開啟溝通

剛到癌症醫院工作不久時，我遇到一位罹患肝癌的二十多歲女孩。

女孩一直都很努力地接受治療。有一回，原本預定入院做完幾天化療便返家，沒想到在這段過程中，她的疼痛更加難以控制，人也變得嗜睡。醫師告訴她的父母，這一次的狀況不是很樂觀，或許只剩下不到兩個月的時間，提醒他們要有心理準備，並建議：「可以開始思考『後面』的事情……」

女孩的父母非常焦慮。母親告訴熟識的護理師，之前他們刻意拜託醫師別讓女兒知道病情，希望她放寬心治療就好，彼此間從未觸碰過關於病情走向的話題。現在一時之間，家人們不曉得該怎麼和孩子談起這件事、了解她有沒有什麼心願或還想做的事情，以及該如何為她做準備。於是，護理師請我來協助這對無助的父母。

我前往病室訪視時，虛弱的女孩疲憊地半靠在床上，雖然應答較簡短，但思緒仍清楚。寒暄之後，我決定直接切入正題，問她：「醫療團隊請我來看你，是有原因的。你記得前天主治醫師有來看你嗎？」

她搖搖頭。她大部分的時間都處在昏睡狀態。

我說：「沒關係。其實那天，主治醫師有向爸媽提到你的病情。」

她睜大眼睛。

我凝視著她，問：「你……會想知道醫師說了什麼嗎？」

她愣了一下，然後點點頭。

女孩靜靜地聽著我轉述醫師對她腫瘤進展的說明。最後，我問她：「這和你本來預期的有落差嗎？」

她搖搖頭，接著告訴我，其實她每回住院都感覺到症狀比前一次更難處理，止痛藥的劑量也愈調愈高，身體愈來愈不舒服。她曾經想過是不是要主動詢問醫師病況，但因為父母始終寸步不離地陪在身邊，她擔心他們聽到醫師的回答會難以承受，因此心中的疑問遲遲沒有問出口。

「但我的身體，我自己很清楚……」她輕聲說。

我看著她，又轉頭看向病床旁一直迴避著我的眼神的父母，對他們說：「其實你們雙方都很害怕對方沒辦法承受這個事實，你們都好替彼此著想，擔心對方難過，都用著自己的方式在照顧對方。但同時，你們似乎也都比對方想像的更堅強。」

女孩問母親：「醫師有講我還有多久嗎？」

母親停頓了一會兒，低聲回答：「兩個月。」

豆大的淚珠從女孩的臉龐滑落，她說：「跟我想的差不多……」

病室陷入一片沉寂。

過了一會兒，我主動打破沉默，對女孩說：「爸媽很重視你的感受，有一些事情，他們想和你討論，但是不知道該怎麼開口。」

這一次，她的爸媽終於有勇氣接下我拋給他們的球。他們告訴女兒，家人們這陣子已經去看了幾個地方的塔位，還跟她分享每個選項的利弊。起初女孩似乎十分驚訝，沒想到家人已提前做了準備，竟然比她想像中更能面對病況惡化的事實。

之後，他們與女兒平靜地討論對後事的想法，回味著一家人過去的相處點滴。聊著聊著，彼此在心裡設定了一個小小的期待：如果可以，還想一家三口一起，到熟悉的北海岸看看山、看看海。

捨不得你難過

聽著我的分享，王太太的情緒漸漸緩和下來。

「其實我先生身體狀況還好的時候，就有交代過一些事。兒子、女兒也和我討論過，說是不是應該讓爸爸有時間去思考他有什麼還想做的事，讓他多講點話，鼓勵他多留下一些東西。」她說。

她也明白他們夫妻倆**明明都為對方擔憂，但因為誰也沒有勇氣說破，彼此的對話就卡住了。**

「我覺得他應該也感覺到自己的狀況不太好，可是他曉得我會難過，所以一直沒有說出來。」

兩人是青梅竹馬，從小一起長大，互相陪伴，從來不曾分離。面對丈夫的病況，這些日子她幾乎沒辦法好好地闔眼休息。

「其實我曾想過是不是要找心理諮商，找人聊一聊心情，可是我不敢離開他太久，我好怕……」

談話的最後，她主動邀請我進病室和丈夫說說話。雖然她還是請我暫時不要提及病情，她需要再與子女討論一下，但是我相信，在最困難的末期陪伴這條路上，她已經往前邁進一步。

療心錦囊

關於病情告知的四點思考

臨床上，常見到家屬擔心病人在聽到病情惡化的消息後會大受打擊，而選擇刻意隱瞞病況，或善意「輕描淡寫」地回應病人的疑惑。

之所以難向病人告知和溝通病況，背後至少隱含了三種可能的心情：

- 不捨與貼心：不忍心澆熄病人心裡的最後一絲希望。
- 焦慮與恐懼：不曉得該怎麼去面對、照顧病人在聽到真實病況後的反應。
- 失落與傷心：面對將失去至親的那份預期，身為情感連結最深的人，也有自己的哀傷需要消化及調適。

我常試著與家屬聊聊他們的經驗和感受，試著去了解他們內心的不捨及糾結，聽聽他們預期中害怕的情況是什麼。許多時候，當原本紛亂的思緒和心情被聆聽、了解與接納，家屬就比較能從情緒的影響中跳脫出來，自然而然變得有勇氣，能客觀地思考更多可能性。

感受到家屬的情緒較為緩和後，我會再進一步地引導家屬思考這四件事：

1 病人過去的性格與自主需求

例如：病人以往在家中或工作上，是否習慣自己掌握一切、決定事情？病人是否渴望自主？病人面對壓力的心理復原力如何？過去是怎麼面對困難的？是否真如他們所想的這麼不堪一擊？

2 病人面對疾病與治療的態度

例如：罹病至今，病人怎麼看待自己的疾病和治療？是否曾經表達過對於人生意義、生活品質或餘命期的態度和偏好？

3 病人真的什麼都不知道嗎？

根據病人的性格、敏感度與推理能力而言，他是真的什麼都不知道嗎？有沒有可能其實他心裡有數，只是不曾或不敢說出口？過去你們有過好好地、開放地溝通的經驗或習慣嗎？你們是否對於對方聽到病情後的反應不知所措呢？

如果癥結點在於缺乏溝通習慣、不曉得如何因應對方的反應，我會鼓勵家屬勇敢向醫療團隊提出需求，請專業人員在場協助，一起開啟重要的溝通與對話。

曾經有病人趁著我至病房與他討論關於病情的想法時，對身旁不斷迴避重要話題，一直要他「想像過去他有多勇敢，千萬不要放棄」的太太說：「老婆，**我不是不勇敢，我只是想知道我還有多少時間準備。**」

4大部分的病人都想要為自己做決定

無論是繼續接受治療與否，或是關於未來餘命期和未盡事宜的安排、後事或財務方面的規劃等，當病人有機會為自己負責，才能盡量減少家屬的自責。

看著他這麼痛苦，我卻幫不上忙

家屬的自我關照

照顧好自己的心情和身心狀態，才有足夠的心理空間與內在資源照顧病人。

生病的爸爸退化成小孩

剛步入而立之年的小芬來到癌症醫院的心理諮詢門診掛號。初次見面，她便明確地表達出需求：「我想知道，要怎麼讓正在接受癌症治療的爸爸擺脫消沉的意志，變得積極、樂觀？」

癌症心理師的
療心錦囊

小芬的爸爸多年前罹患癌症，幸運的是在手術完成後，只需要固定回醫院追蹤即可，其他方面一切如常。爸爸也把康復後的生活安排得豐富而精采，完全不需要家人操心。

可是大約半年前，癌細胞轉移了。一向樂觀的爸爸似乎遭受很大的打擊，整個人變得沮喪又依賴。孝順的小芬擔心患有慢性病的媽媽一個人照顧不來，自告奮勇跟公司請假，每週都從外縣市趕回家，分擔媽媽的照顧壓力。

她紅著眼眶說，這次住院，爸爸的行為舉止退化成像個小孩，讓她簡直難以置信。強烈的疼痛與不適，讓過去溫文儒雅、風度翩翩的爸爸彷彿失去理智，好幾次在病房裡激動地大吵大鬧，吼著覺得自己快要不行了，呼喊著世界上沒有人能了解他的痛苦。

偏偏每一次主治醫師前來查房時，爸爸就突然恢復正常。這更讓她不知如何是好，不禁這麼想：難道爸爸是故意的嗎？

面對爸爸的失態和退化，小芬總是強迫自己在爸爸面前維持著鎮定、可靠的樣子。「但只要一轉身踏出病房，我就立刻崩潰。」她哽咽地說。

經過整整七天在病房密切陪病後，她的腦海充斥著爸爸鬧脾氣的模樣，以及病床邊二十四小時不間斷播放的佛經聲。一向最討厭上班的她，現在竟然只有在離開醫院、返回工作崗位的那一刻，才能感受到一絲放鬆和平靜。

家屬也承受著莫大的身心壓力

聽小芬談到這裡，我聯想到一個臨床上常見的現象：**家屬所承受的身心壓力，並不亞於病人。**

在安寧病房工作時，經常聽家屬無奈地嘆著氣形容承擔的照顧壓力：「可能病人還沒走，我就先走了。」

從家屬身上，我看到的不僅僅是對於病人身體照顧與事務的照料和付出，他們同時還常嚴格地要求自己，應該比病人更堅強、樂觀、強壯，要包容病人的一切情緒與行為。常聽家屬這麼說：「生病的人才最辛苦。身為家屬的我們沒有資格喊累和抱怨。」

可是他們忽略了，**在面對病人的病況變化時，更需要關照的其實是身為家屬的內在需求。家屬要過得好，病人的狀態才會平穩，也才可能維持好的生活品質。**

身為照顧者的你，有哪些感受和想法？

所以當小芬茫然地看著我，問道：「我到底該怎麼鼓勵爸爸，才能讓他變得更堅強、更配合治療呢？」

我請她先緩一緩，回過頭去思考一下：

・當她一心一意想著要為爸爸好、想改變爸爸的言行和積極度時，她心中的聲音是什麼？她有哪些感受和念頭？

小芬想了想，說：「我其實很生氣，為什麼爸爸不能好好當個乖巧的病人？為什麼他就不能為身邊的人想一下？」

她也很擔心要是爸爸再這樣無理取鬧，和她一起輪流照顧爸爸的媽媽也會承受不了。「我媽媽其實身體也不太好，如果連她也倒下去，該怎麼辦？」

這是小芬心中最深的恐懼，她沒辦法想像同時失去兩個家人。

「看著爸爸脆弱的樣子，他一直大喊『不想活了』，真的讓我很難受。」她眼眶泛著淚說：「我總是告訴自己，一定是因為爸爸太軟弱、不夠堅強，才被復發嚇得自我放棄。多希望有人可以告訴我，他只是被心理影響到生理，其實他的癌症並沒有那麼嚴重……」

停頓了一會兒後，她不安地說：「但是，萬一爸爸講的是真的，他真的很痛、很不舒服，我們卻把他當成無理取鬧，該怎麼辦？我曾有幾次大聲斥責爸爸，制止他不理性的言行，但是每次兇完他，又有很深的罪惡感。」

她擔心自己忽略了爸爸真實的感受，懷疑自己是不是不夠同理爸爸，沒有在他最需要的時候，和他站在一起。

「眼睜睜看著他這麼痛苦，我卻幫不上忙。我真的很害怕失去爸爸，也怕自己有遺憾。」豆大的淚珠從她的臉龐滑落下來。

你把所有責任都攬在身上嗎？

隨著小芬逐漸覺察到**面對爸爸病況惡化，自己心裡累積的挫折感與無力感**，會談的主軸逐漸從幫助爸爸，轉向她的自我照顧和內在探索。

談了幾次下來，我觀察到一點，好奇地問：「你好像把所有責任都攬在身上，對父母的期待和要求使命必達，似乎想做個聽話的乖小孩？」

她停頓了一下，說：「過去其實不是這樣的。」

爸爸生病以前，小芬和家人的感情一直很疏離，童年的她在家裡總是感到被父母忽視，在家中格格不入。

成年後的她終於可以遠離家裡，並靠著自己的努力，在外縣市建立起屬於自己的安全堡壘，安穩地過生活。可是一得知爸爸的癌細胞轉移，她卻毅然決然地一肩扛下照顧責任。

「或許，我是想證明自己比其他兄弟姊妹更值得爸媽的愛吧。」小芬喃喃說道。但也許是這半年以來突然和父母靠得太近，讓她一下子想起太多童年的沉重回憶，憶起兒時他們對她的疏忽和失職。這讓她在承擔照顧壓力之餘，還同時經歷到許多不舒服的複雜感受，卻難以說出口。

因此，我們的會談花了很多時間討論原生家庭的議題，一起試著釐清小芬與家人之間的連結、糾葛及各種複雜的情感，討論**該怎麼建立和父母之間的「心理界限」：哪些事情該做？哪些事情不該做？哪些話要聽進去到什麼程度？**

小芬也思考著：**自己究竟需不需要一味地去滿足父母的期待？**

持續保有自己喜歡的事情

某天小芬參加公司的部門聚餐，和同事邊吃邊聊得很開心時，她卻冒出一個很強烈的念頭責備自己：「我這樣是不是不應該？父母在受苦，我卻在玩樂。」

她發現心裡有一個不太理性的想法：如果沒有完全燃燒自己，就是不足夠。因此，只要沒有陪在爸媽身邊，只要她過著自己的生活，內心就有很強烈的罪惡感，認為自己太自私。在她心中，「全力奉獻」與「照顧自己」就好像非黑即白的兩種對立狀態。

我告訴她，重視自己的需求、照顧好自己的心情和身心狀態，才會有足夠的心理空間和內在資源，好好陪伴爸爸、處理爸爸的事情。

我也鼓勵她，**持續保有自己喜歡的事情，讓日常不只是剩下疾病和照顧，生活中保有不同的管道獲得正向感受和成就感，「照顧」的這條路才有辦法走得長久，細水長流。**

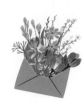

療心錦囊

探索生命課題，進而增加照顧能量

在癌症照顧的領域中，我們往往傾向聚焦在「疾病調適」的議題。但是與小芬的對話提醒了我：疾病調適很可能只是海面上的冰山一角，海平面下的那一大塊——那些我們人生在世經年累月形成的課題，例如：自我概念和童年經驗、家庭關係、教養、價值觀、人際之間的愛恨情仇等，其實始終存在，只是通常風平浪靜下，我們不容易去正視。

這些生命議題常常在家中有人罹患重大疾病、需要照顧時浮現出來，對我們造成的影響超乎想像。

因此，如果可以利用這個機會，好好地整理每個人的人生課題，消化、處理錯綜複雜的心情，稍微鬆動某些卡住的結，或許家屬就更有機會在承受照顧壓力的同時，比較清明地看待自己的狀態，有餘裕騰出更多心力，提供有品質的良好照顧和陪伴。

我的努力，好像都沒有人看到

彼此好好地承接和包容

即使許多時候照顧得很辛苦，我仍然希望你能陪我愈久愈好。

擔心自己的病情影響孩子

有段時間，心理諮詢門診來了好幾位五、六十歲的癌症病人。巧合的是他們談論的疾病調適議題中，有很大一部分都與**心裡對年輕子女的虧欠**有關。

其中一位是罹患了乳癌第四期的陳姊，雖然生活能自理，病況也在治療和控制之中，但她每天還是焦慮到睡不著覺。除了對死亡的恐懼揮之不去，她始終無法擺脫

「讓家人受苦」、「拖累了家人」的念頭。

陳姊在國外念大學的兒子，畢業後在當地獲得夢寐以求的工作，但才工作不到一年，便得知母親罹癌。在眾多家人動之以情、曉之以理下，他辭掉工作，回家陪伴母親，同時計畫在台灣重新找工作。

「我感覺得出來，他回台灣之後，整個人變得悶悶不樂。」

她擔憂自己的病情耽誤了兒子的生涯規劃，曾經鼓起勇氣向他表達歉意。儘管兒子告訴她「沒有關係」，她仍無時無刻不感到愧疚。

這段時間，兒子常把自己關在房間裡，對家人的關心和問候十分不耐煩。她還看到兒子在社群平台上貼了國外生活時期的照片，底下寫著「**希望明年能再回去工作**」，這讓她的心情更加沉重，罪惡感也更深。

她說好想坐下來和兒子聊聊，想要知道兒子心裡的想法是什麼，希望他可以多和她談談對未來的打算。但是當我問她有沒有嘗試過向兒子表達心裡的擔憂時，她卻皺著眉頭告訴我：「他每天回到家看起來都很累的樣子，我找不到時間跟他聊。」

雖然陳姊沒有說出口，但不難猜想母子間溝通止步的原因，除了沒有合適的對話時機外，更主要的阻礙應該是她**同時身為「病人」和「母親」，心中的矛盾與煎熬：既**

不想成為孩子生涯發展與追尋夢想的絆腳石，但又私心希望在不知道還剩下多久的生命裡，能有孩子留在身旁陪伴。

母女二人，各有心事

陳姊的處境和煩惱，讓我想起以前一段安寧病房的經驗。那是我們照顧的一位胃癌末期病人麗莎，第一次和她見面，是我們團隊到她家中進行安寧居家訪視，應門的是麗莎的女兒。

後來我才知道，女兒原本在念大學，但因為其他家人工作忙碌，無法長時間在家中陪伴，所以不久前她休學回家，一邊照顧母親，一邊準備大學轉學考。

那一回，麗莎躺臥在客廳沙發上，雖然身體較為虛弱，不過思考和表達能力都很清晰，因此女兒開門後就回房了，由麗莎自行和我們說明近況。

一路聊到女兒無微不至的照顧，她露出欣慰的笑容說，除了要從客廳回臥房時需要搬動和移動的工作，必須等其他家人回家後合作進行之外，她所有的生活起居與身體照顧，都由剛滿二十歲的女兒一手包辦。

對這個懂事的年輕女孩，我們感到敬佩又憐惜。

癌症心理師的
療心錦囊

一個多月後，麗莎因為強烈的腹脹和噁心、嘔吐，住進安寧病房。我走進單人病室和她打招呼，語氣詼諧地問她：「還記得我嗎？」她露出微笑，對我眨了眨眼睛說：「當然記得！」

緊接著她又說：「心理師，我有些話想對你說。」轉頭看了看，確認家人都不在房內，她眼神一暗，開始傾訴：「我現在的身體變成這個樣子，不知道再撐下去是為了什麼？「女兒曾經跟我說：『媽媽，如果你不在了，這個世界上就沒有人可以包容我了，我心情不好要跟誰說？』之前為了想要陪女兒久一點，我強迫自己吃東西、忍受治療。但是這次住進安寧病房，老實說，我有心理準備，我應該不會再出去了……」

麗莎的眼神很堅定，卻也充滿哀傷。

幾天後，護理師交班時告訴我，前一天晚上，麗莎隔壁房的病人往生，家屬搥著牆壁，哭得肝腸寸斷。護理師觀察到麗莎的女兒情緒似乎也受到波動，一度躲到廁所裡大哭。我前去關心她們母女倆的情緒狀況時，麗莎表示她其實還好，就是在心裡祝福對方，倒是女兒比較受到影響。我把目光投向坐在角落念書的女兒，她搖搖手，示意不要問她。

又一回進病室訪視時，女兒一看到我來陪伴母親，便離開下樓買東西。

麗莎這天的精神顯得較倦怠。「心情不太好。每天躺在這裡，覺得很空虛，不知道意義是什麼。只能趁我女兒不在時跟你說這些。」她無奈地苦笑著說。

我可以感受到她的辛苦與心智上的煎熬。我想知道，現在支撐她活下來的力量是什麼？

「記得你曾經說過你想要陪女兒久一點？」我問。

「嗯，但這是會『磨』的。」她說。

我們兩人一同苦笑著。

你有沒有什麼想對孩子說的話？

隔天再度前往訪視，女兒正好幫麗莎換完尿布。見我來訪，她遠離我們，坐到角落的書桌前。

病床上的麗莎說話的力氣似乎比前日又微弱一些，但仍擠出笑容打招呼。她的表情十分惆悵，用氣音說著：「好茫然……我好像一直在耽誤家人，躺在這裡，一點意義也沒有。」

沉默了半晌，我問：「這段時間，你真的沒有什麼想做的事嗎？」

見她搖搖頭，我突然莫名地替她心急起來，直白地對她說：「其實我們很難預期什麼時候可能會突然不清醒，就像電腦毫無預兆地當機一樣。**假設明天或後天，頭腦混亂，真的沒辦法思考了，你會不會覺得自己有什麼話、有哪些事情，是還沒有好好交代或表達的？」**

她依舊茫然地看著我，不發一語。

我再舉了幾個例子與她分享：過去病房裡也有過一些年紀跟她差不多的病人，他們最擔心的是頭腦變得不清楚的那一天。所以他們把握時間，趕在那天到來之前，把事情都做好，例如寫下給孩子的卡片……見她仍然沒有反應，我停頓了一下，問她：「我在想，是不是你其實有很多想要做的事情，但是你不敢去想，因為想了卻做不到反而更痛苦，所以乾脆選擇放空？」

她用力點點頭。

我終於鬆了一口氣，接著問：「你有沒有什麼想對女兒說的話？」

她把眼神投向女兒的背影。

我要說了，媽媽，請你不要生氣

經過麗莎同意，我邀請女兒來到病床旁，並將我和媽媽剛才的談話內容轉述給她。女兒聽了，主動詢問：「媽媽，你可不可以錄音給我？」她希望在未來人生的不同階段，都能感覺到媽媽與她同在。

但出乎我意料，麗莎竟含著眼淚搖頭，一口回絕了女兒的請求。

女兒神情落寞地說：「其實我幾個月前就跟媽媽說過了，當時她也說不要。」

我看著麗莎，儘管她眼淚已奪眶而出，仍是對我直搖頭。

我試著猜測她的心聲：「其實你不是沒有話想對女兒說，而是有太多話想說了，不知道該從何說起，又怕講了心裡會太難過，是嗎？」

她終於點點頭。

我決定把主動權交給女兒，邀請女兒對媽媽說說話。

女兒看著麗莎：「那我要說了，媽媽，請你不要生氣。」

深吸了一口氣後，她開了口。

其實這段時間，我根本念不下書，每一個章節重複看了好多次，卻怎麼樣都記不起來。我感覺自己的人生好像暫停了。之前在家裡照顧媽媽時，常常躲在房間裡大哭。

我曾經有一段短暫時間到補習班上課，那幾天我非常開心，覺得是喘息，好幾次做題目做到忘記媽媽還在生病。但是後來因為媽媽身體出狀況，我又回家照顧。

開學前，我在抉擇到底要回學校上課，還是休學在家照顧媽媽。導師跟我說，不能完全都把媽媽放在第一順位，也要兼顧自己的狀況。我身邊其實也有不少同學的父母身體出狀況，他們的爸媽都要他們以讀書為優先。我心裡好不容易下定決心要回學校上課，但想說還是再問問媽媽好了，畢竟她是病人，她最大。

於是我鼓起勇氣問媽媽，我應該回去上學，還是在家中陪她。沒想到媽媽竟然說要我陪她。

說實話，我沒想到媽媽會說出這個答案，我內心好震驚。但是既然媽媽都這麼說了，我也只能尊重她。所以我就先休學，一邊照顧媽媽，一邊準備轉學考。

從女兒的語氣中，我仍能感受到她當時的驚訝、不解與失落。接著她描述休學後，每天在家照顧媽媽的生活。

有時候媽媽身體不舒服、情緒不好，我很努力要安撫她，但還是沒有好轉。有時她甚至把脾氣發在我身上。可是我知道我不能跟她吵架。

媽媽常責備我早上都睡到八、九點，老是賴床，很不認真，不像個要考試的人。她不知道的是我因為幾乎整天都待在家裡，日夜顛倒，作息都亂掉了。

這是一種明明自己很努力了，卻好像都沒有人看到的感覺。我不奢求媽媽給我正向的回饋，但是可不可以，至少不要是負的？

說到這裡，她潸然淚下。

我輕聲問她為什麼今天願意鼓起勇氣，把這些話跟媽媽說。她一面拭淚，一面回答：

其實我真的很想跟同學一樣，好好享受大學生活，可是媽媽選擇要我陪她。但我並沒有生氣，我知道媽媽很依賴我。

今天剛好有這個機會，媽媽說想要知道我在想什麼，所以我決定把我的心情說出來。媽媽是當事人，我應該把真實狀況讓當事人知道。

我心甘情願，因為你是我最愛的媽媽

聽了女兒勇敢的發言，麗莎緩緩地說，這就是她希望聽到的女兒最真實的感受，緊接著她突然啜泣起來，向女兒道歉：「對不起，是我害了你，拖累了你。」

我摸摸麗莎的手，問女兒：「聽到媽媽這樣說，你有沒有什麼想法？」

女兒沉思了片刻，回答：「說實話，媽媽講的也是真的。如果不是這場病，我現在應該也像我的同學們一樣，一邊上課、跑社團，一邊規劃未來。每當聽同學聊到他們的生活，我都好羨慕，但又不敢表達出來，很害怕他們問我現在在做什麼。」

麗莎突然情緒激動地敲打床板，哭喊著：「我可不可以明天就死掉！」

看到麗莎自責的模樣，女兒心疼地抓住她的手安慰道：「媽媽，你不要這樣說。」我也在一旁安撫著她：「我知道你比誰都期望女兒能快樂生活，但老天爺卻給你們安排了這個艱難的挑戰，讓你不得不選擇把女兒留在身邊陪你。」

女兒繼續說出心裡的想法：「媽媽，雖然有時候覺得你生病讓我的人生停滯了，但是，我完全不後悔做出這樣的決定。不管怎樣，只要你一有狀況，我絕對會丟下所有事情來幫助你。我心甘情願，因為你是我最愛的媽媽。

「對我而言，只要你還在世界上的一天，我就還覺得自己是有媽媽的孩子，能當個

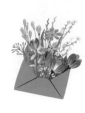

小孩。即使許多時候很辛苦，我仍然希望你能陪我愈久愈好。」

女兒的真情告白，讓麗莎的情緒漸漸平穩了下來。

「其實我有感覺到媽媽最近一直在看我的臉色，也會對我說一些以前不會說的話，像『我愛你』之類的。但我心裡最真實的這些想法，很多時候連我自己也很難面對，覺得自己『怎麼可以這樣想』。如果不是今天這個機會，這些話，我可能永遠不會說出口。」

她願意坦白地對媽媽說出這些話，讓媽媽終於有機會和她解開誤會，放下心中的顧慮與虧欠。

幾天後，麗莎在女兒的陪伴下，平靜地離世。

療心錦囊

適當的表達與溝通，讓關係更靠近

家中一旦有人罹癌，其他家人的生活與規劃常常都需要有所配合及調整。在這樣的情況下，無論是身為病人或身為子女的角色，內心都可能承受不小的壓力，就像陳姊對阻礙兒子發展的愧疚與自責，或者女兒對於麗莎要求她在家陪伴的失落和委屈。

但是，往往我們都選擇忍耐與壓抑，為了避免衝突而迴避正面溝通。這樣的做法或許能維持表面的和諧，卻失去了彼此之間好好訴說自己的想法、感受和需求的機會。

每當遇到病人帶來相似的議題時，我總會想起與麗莎和女兒對話的情景。

麗莎透過引導，透露出對女兒的在意及心疼；女兒也勇敢、坦白地表達了內心真實的感受和想法。過程中，雙方雖然歷經了情緒的衝擊與起伏，但也被彼此好好地承接和包容。

適當的表達與溝通，不僅使各自積累在心中的複雜心情得以疏通及消化，也讓彼此之間的關係更靠近了一步。

每一個決定都好難，好像我在代替他決定生死

當無能為力湧現

讓那背後很深、很深的情感，能稍微浮現出來，被自己看見。

怒氣沖沖的家屬

在安寧病房工作時，護理站常接到民眾來電請教關於安寧療護的疑難雜症。有一次，護理師接到安寧門診病人的太太打電話來，表示對於醫師在看診過程中，沒有將病人腫瘤傷口處的包紮拆開來檢查感到很不滿。在電話中，她怒氣沖沖地質問：「就算你們認為我先生是末期，也應該要看看還有沒有什麼辦法幫他把傷口顧得更好吧？」

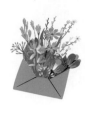

儘管醫師已向太太解釋將包紮好的腫瘤傷口拆開檢查並非必要，她仍無法接受這樣的說法。

一週後，這位病人因為疼痛日漸加劇，從家中住進安寧病房進行症狀控制。他的臉頰上有一道明顯的腫瘤傷口。五十多歲的他患了口腔癌，從發病到被醫師診斷為末期、建議尋求安寧緩和的管道，前後只有半年的時間。

病人入院當天，主責護理師邀請太太到護理站坐下，一邊向她說明安寧病房的規定，一邊協助她填寫各式同意書與文件，其中包括一份了解「主要照顧者身心壓力狀況」的情緒篩檢量表。

令我印象深刻的是，太太在被問及她近來的心情與照顧壓力時，突然一陣鼻酸，哽咽說道：「我先生的個性很不愛麻煩別人，從診斷到現在，他都堅持不讓周圍的人和親友知道他生病的事。」

但講到這裡，她又馬上收起眼淚，淡淡地說了句：「所以我也沒辦法跟其他人說這些事情。嗯，就這樣。」之後她便絕口不提自己的心情和感受。

看著太太好不容易稍微打開的心門又硬生生地關上，我心中難免有些惋惜。

等一切都結束了，我才能好好整理

兩天後，護理師在病房的晨會上報告：「病人昨晚很躁動，一度爬下床要衝出病室。一旁的太太奮力阻止他下床，但似乎也被病人這個突如其來的舉動嚇到，不斷掉眼淚。」聽了這個情況，我決定主動出擊，試著去對太太表達關心，開門見山地問她是否願意和我談一談，或者有沒有我們可以協助她的部分。

太太先是愣了一秒，接著回答：「我想先不用吧……這是我和他之間的約定。或許要等一切都結束了，我才能好好整理。」她含著眼淚婉拒這份邀請。

「沒關係，我尊重你的想法。但是如果有需要，請你一定要主動讓我知道。」我說。縱使可以感受到太太的心裡有著很深的哀傷，我還是選擇尊重她當下的意願，以及她對先生的承諾。

你們醫療團隊應該要更能同理家屬的狀況

幾個星期後，輪到新來的實習醫師照顧這位病人，我一時興起，主動跟著他一起巡房。一踏進病室，太太對我們說的第一句話卻是：「心理師，你有空嗎？我想要和你談一談。」

我克制住內心的好奇與激動，故作鎮靜地告訴她：「好啊，但我們先讓實習醫師問診，等了解病人的狀況後再說。」

實習醫師開始詢問病人這兩天的身體症狀，太太描述，前一天下午他一度喘不過氣，隨後臉頰上的腫瘤傷口就大出血。突然間，她問我們：「你們是不是看過很多人人出血？」

還沒等我們回應，她繼續說道：「我知道你們醫療團隊都很忙，處理出血的狀況對你們來說只是工作，可是對我們家屬而言，卻是第一次遇到。我會緊張，沒辦法像你們那樣處之泰然。」

前一天下午，她先生的腫瘤傷口大出血，床單與枕頭都沾滿了血跡。當時她焦急地亂了手腳，一心一意只想盡快止血，但當下護理師卻要她離開現場，去外面拿乾淨的床單。她認為清理床單並非當務之急，趕快把血止住才是重點，於是和護理師起了衝突……她愈講愈激動，語氣也越發尖銳，最後流著眼淚，語帶憤怒地對我們說：「你們醫療團隊應該要更能同理家屬的狀況！」

情緒高張的她接連又問了許多令實習醫師難以招架的問題，像是：「病人現在這個樣子，你覺得你們應該怎麼做？」

眼看太太的情緒逐漸淩駕於理智之上，為了避免醫病之間產生更多不必要的誤會，我決定搶先實習醫師一步。

我先同理太太對先生病況的擔憂、面對大出血時的驚嚇與心急，以及對醫療團隊處理方式的不滿，接著放慢速度，語氣和緩地請她想一想：

・在反問醫師現在該怎麼辦之前，做為家屬的她，內心是否其實有什麼擔心與期望呢？

・她的期待是什麼？

「或許你可以試著先說說具體的想法，然後我們再一起討論，看怎麼做對先生最好，雖然沒有什麼是百分之百的好。」我告訴太太。

聽了我的建議，她停頓一會兒後，哽咽地說：「我覺得每一個決定都好困難，好像是我在代替他決定生死。」

我拍拍她的肩，告訴她：「先生現在雖然虛弱，但意識仍是清楚的，儘管他累得說不出話來，但我們用簡單的問句問他，他似乎還能點點頭、搖搖頭。」

我請她先與先生討論一下本人的意願，看他是傾向即便身體可能出現突發狀況，仍希望維持清醒，與家人互動；或者只要能不感覺到不舒服，以藥物維持鎮靜沉睡的狀

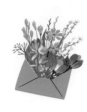

態也無妨。

我告訴太太，晚一點我會再回來找她。隨後便退出病室，留給夫妻倆一段時間好好地溝通。

一種委屈、無力又哀傷的感覺

再次踏入病室之前，我心中沒有預設什麼目標，只希望能讓這個壓抑已久的太太抒發並覺察自己心裡那股哀傷、憤怒，甚至是無能為力的感受。

雖然不確定太太還會說出多少對醫療、對團隊的不滿，但我在心中打定主意**不追問她事件的細節，而是著重在詢問她的感受和想法，好讓那背後很深、很深的情感，能稍微浮現出來被她自己看見。**

果然，陪伴病人就醫這一路以來，太太累積了好多好多對醫療的怨言與不信任。

「某某醫師告訴我們，直接去那邊找誰誰做檢查就可以，但是我好不容易推著輪椅到了那邊之後，誰誰誰又說我搞錯了，很不耐煩地把我們趕走。

「住院過程中，每個班別、每一位護理師的做法都不同。有的人告訴我病人的傷口應該這樣照顧，我照做了之後，下一班的人又問我為什麼會這樣照顧，甚至用不屑的口氣質疑我。」

最讓她在意的是：「上禮拜我幫先生清潔的時候，我不確定當時他頭腦清不清楚，他很生氣地對我說：『都是你隨便給我亂弄！』」

聽到這裡，我緩緩地問她：「他們對你說的這些話，對你的影響、帶給你的感受是什麼？」

太太想了一下，說：「委屈吧……」豆大的淚珠從她的臉頰滑落。

「嗯，是那種你很用心、很想要幫助先生，也很努力學、很努力要做好，可是這些努力和用心，他們好像都沒有看到。這似乎是一種……無力又有點生氣的感覺？」我大膽地假設。

「是……」太太點頭。

只需要有人聽懂我們說的話

病人躺在床上，不時呻吟著。太太在病床左邊，不斷地輕柔摸著先生的手心和手臂，安撫他，要他別去抓傷口。站在對側的我一面談話，一面和太太一樣輕握著病人的手，不時地摸摸他、安撫他。

太太聊到他們夫妻倆一向截然不同的行事作風。

「我先生就是濫好人，我都說他有病。他總是不想得罪或麻煩別人，所以所有事情都自己承擔，但我覺得他只是都積在心裡。就像到醫院，你們要幫他做什麼，他只會說好、好、好，從來沒有一句要求或抱怨。

「可是我不一樣，我是那種看不慣就會直接說出來的個性。有問題就是要解決啊，我不怕衝突，所以也常常被他罵。」

除了描述自己和先生的差異、過去共同的回憶，她還談起在先生生病以前，她是怎麼過自己的生活：每天出門上課、運動、和朋友喝下午茶。然而這半年來，她幾乎是二十四小時不眠不休地陪在先生身邊。

說著說著，她的表情不一樣了，臉上開始有笑容，病室內的氣氛也輕鬆多了。

「其實昨天下午跟護理師發生衝突之後，我晚上都睡不好，一直在思考是不是該向誰反映。醫師嗎？護理長嗎？可是我不想像是打小報告，後來就想到也許可以跟你講，身為心理師的你或許有辦法理解我們雙方的為難。」

「那我們談完這兩個小時後，你現在感覺怎麼樣？」我問她。

「好多了，心情輕鬆多了！」她微笑著回答：「我覺得現在好多人都需要心理師。幾乎很少有人能聆聽別人說話，很多時候，其他人根本聽不下去我們在說什麼，只會一直給建議。但其實我們只需要有人可以聽懂我們說的話，好好思考之後，再給出一個真正符合我們的建議。」

太太接著語重心長地與我分享這半年來陪伴先生的體會：「生命中的每一分、每一秒都好珍貴，一定要好好珍惜，活在當下。」

「嗯！共勉之。」

療心錦囊

發揮「同理心」的力量

回憶起那天和太太的互動，不禁感動於「同理心」的力量。當一個人有機會好好地表達自己的感受，體會到被理解、被接納的感覺時，原本內心深處的那些孤單、痛苦和難受，似乎就可以一點一點被消化了。

無論是情緒的覺察或人與人之間的連結，都能幫助一個人更有解決問題的能力，同

時，也更有機會用不同的觀點看待困境，從中獲得新的體會，邁向自我成長。

當負面情緒獲得緩解時，彼此間的信任關係也能隨之建立。

在兩個小時的深度互動中，太太從原本充滿敵意與防備，到真情流露，再到注意力不再侷限在自己與醫療團隊做不好或不足之處。最重要的轉變是她開始有餘裕與彈性去思考：

- **在現在的情境下，她該如何做出對先生最合適的決策？**
- **她要怎麼活在當下，讓自己和先生能好好把握生命中最後一段珍貴的相處時光？**

這無疑是太太最需要，也是醫療團隊最想幫忙她的事。

很難有做好心理準備的一天

家屬的哀傷與疾病調適

只需要再多點時間，我們多些同理和包容，她就有辦法一步一步地走完這段路。

能不能幫助她不那麼擔心和難過？

某天早晨，腫瘤科病房打來一通照會電話，希望我去探視一位焦慮的病人妻子。這位病人在五年前罹患一種罕見的惡性腫瘤，當時開了刀，之後穩定地在外院治療及追蹤。

但是大約一個月前，他突然開始吃不下飯，體力變得虛弱，膚色也變得愈來愈黃。妻子帶著他轉來我們醫院尋求治療，醫師立刻替他安排住院。

「我們感覺得出來這位妻子非常愛她的先生，但是似乎有點『過度擔心』了。」電話那頭，護理師提出他的觀察。

「只要先生一有風吹草動，她就急著按鈴，要求護理師立刻、馬上到病房查看狀況。而且她手上總是拿著一本筆記本，把病人的各種數據鉅細靡遺地記錄下來，每次都要念給我們聽，還常糾結在一些其實不那麼重要的細節上，不斷地重複詢問。」

護理師的語氣滿是無奈。

「昨天主治醫師告訴這位妻子，病人的腫瘤已經壓迫到腸胃道，雖然希望能藉由化療控制住腫瘤的生長，但也不排除有大出血的可能。她聽了這個消息，哭得稀里嘩啦。不過，後來她向醫師表示捨不得病人這麼辛苦，如果真的不行，就不傾向讓病人插管急救。

「我們知道妻子很愛他，但是也覺得她太焦慮、太哀傷了，所以希望你能來和她聊一聊，看能不能幫助她不這麼擔心和難過。」

護理師明確傳達了腫瘤科團隊照會心理師的目的與期待。

還好啦，我沒事……

當天下午，我便前往腫瘤科病房探視這名病人。床簾內，病床上的他皺著眉頭，緊閉雙眼在休息，床邊有全靜脈營養和化學治療的點滴輸注中。

妻子抱著一本筆記本，靜靜地坐在陪病椅上陪伴。她抬起頭時正巧與我四目相接，我對她點點頭，示意不需要叫醒她先生。看他絲毫沒有察覺我進入病室而持續熟睡的樣子，就能想像他是多麼虛弱與疲憊。

我向妻子自我介紹後，說明來意：「病房團隊觀察到你們在這次住院的過程裡，似乎比較緊張、焦慮，特別請我來關心一下。」

接著，拋出一個開放式的提問：「不曉得從這次入院到現在，你們有沒有什麼樣的心情和想法？」

對於我的探問，妻子起初支吾其詞，一下子回答「還好啦，我沒事」，一下子又說「你們這個心理諮商也沒辦法解決問題」。

我稍稍感受到她的防備和顧慮，於是順著她的話回應：「是啊，很多問題或身體症狀，我確實沒有辦法解決。我相信在照顧病人的過程裡，你心裡應該承受了不小的壓力，而這些壓力、這些心情，可能是一般人難以理解的。所以醫師和護理師才想請我來陪你談一談，或許聊聊這些感受能讓你感覺比較舒暢一些。」

一直握在手中的，是夫妻倆的美好回憶

也許是這番誠意確實傳達出去了，妻子開始願意向我表達她的擔心。

她望向病床邊的點滴，說：「『吃』應該是最重要的吧？可是醫師說我先生現在腸胃狀況不ＯＫ，只能先用營養針。他現在都靠這個營養針，那之後回到家要怎麼進食呢？我真的很怕萬一哪天他不能從嘴巴吃東西了，這樣未來該怎麼辦？」

見她一臉不知所措的樣子，我好奇地問她是否曾經向醫療團隊提出這份擔憂，但她沒有正面回答，只喃喃道：「這種事情，醫師也沒有把握……」

一會兒後，她又像想到什麼似的，繼續說：「以前開完刀就可以回家休養，復原後的生活也都照常，他每天買菜、煮飯給我們吃，我們還常常出門旅遊。可是醫師說他這次沒辦法開刀……」她的語氣難掩落寞。「上回我們從原本的醫院出院時，他雖然也有解血便，但是很輕微。為什麼這次來到你們這裡就變得這麼嚴重？」

她愈說愈激動，語調高昂起來。

「明明兩個月前檢查時，照片子看起來都正常，為什麼這麼短的時間裡，變化會這麼大？」

我明白她也心知肚明沒人有把握回答這個問題，於是只輕輕地回應她一句：「短短時間內，先生的身體狀況落差好大，真是讓人難以接受。」

她陷入幾秒沉默，然後若有所思地說：「我們有好幾個朋友都是一對一對的夫妻檔，我先生的年紀是所有男生裡面最小的耶。他的身體也都很健康，是我帶他做健康檢查才發現癌症的，結果竟然是這種最不好的類型……」

「他生病以後，一直都很配合醫師，開刀、治療，已經穩定了好幾年。」妻子翻開手中的筆記本，告訴我：「這裡面記錄了密密麻麻的數值，我詳細記下了他住院時的各種狀況。但是，其實這個本子原本是用來記錄我們的旅遊行程。」

聽她這麼一說，我仔細地往前翻閱筆記本，上面寫的是先生患病這幾年來，他們夫婦每一次出遊的過程和心得。妻子工整地記錄了每一趟旅程的日期、地點、交通、旅伴和食宿。

「你看，一、二、三、四、五，那個月我們一共玩了五趟。」翻開旅遊筆記，她像是掉入回憶的漩渦，和我分享起他們的旅程。

她說，這幾年都是由她開車，載著先生到處玩，接著瞥向一旁的兩個紅色行李箱，感嘆道：「同樣都是打包行李外宿，這一趟，我們出來最久，還不知道什麼時候才能回家。」

直到這時候我才明白，原來她一直握在手裡的，不只是先生的各種醫療和身體數據，更是夫妻倆的美好回憶。

幸好我們有好好把握時間

我問妻子，對於先生現在的治療和身體狀況，她有什麼樣的期待。

「當然是希望能回家平順過日子，照舊生活啊。」她不假思索地回答，接著又不確定地說：「不過這個可能性，我看是愈來愈小……」

她深深嘆口氣。

「我們治療的狀況一言難盡。但是，也幸好我們有好好把握這幾年的時間，一起去很多地方玩。」

我拍拍她的肩，肯定他們夫妻兩人互相扶持、把握當下，並且也提醒她除了看顧病人外，也要好好照顧自己，才能走更長遠的路。

告別後，我剛踏出病室不久，妻子又追上來叫住我，說：「心理師，我們真的很感謝醫師和護理師。希望你可以幫我轉達，我們會很配合，請主治醫師一定要積極幫我們想辦法。」

像一場比分懸殊的生命比賽

事後，我不斷思索著要如何回報給腫瘤科團隊，才能夠回應他們照會心理師的期待——希望讓妻子不要再那麼焦慮與哀傷，但另一方面也盡量讓他們能更貼近這位妻子。

苦思之中，腦海浮現出數年前進行安寧居家訪視的時候，一位年輕家屬說的話。

那是個開朗的大男孩，由於母親癌末，他選擇暫離校園，返家擔任母親的主要照顧者。

我們進到病人的臥房診視了她的狀況後，和男孩一起坐在客廳裡，聽他分享著一年來陪伴母親四處就醫的過程和心情。他的談吐自在、大方又幽默，談話的氛圍輕鬆而溫馨。

直到安寧居家護理師溫柔地提醒：「媽媽的狀況和上週比起來差很多，血壓也比較低，很可能就是這一、兩個禮拜了，可能要先有一些心理準備。」男孩的淚水突然簌簌地流下來。

他說，他老早就開始告訴自己要做心理準備，可是卻怎麼也沒有準備好的一天。

「你們看過籃球比賽嗎？這就很像是一場籃球賽，你明知道比分很懸殊、鐵定會輸，卻必須繼續留在場上把比賽打完。要打滿四節，比賽才會結束。

「留在場上的時間是最讓人覺得煎熬的，明知逆轉無望，還是必須不斷地鼓舞自己『不可以放棄』，催眠自己『比賽還沒結束』，還是要想盡各種策略來取分，直到時間終了的那一刻……」

這是他陪伴母親最深刻的體悟。

這個比喻深深觸動我的心，或許這也是腫瘤科病房那位妻子的心情吧。

她並不是不知道先生的病情正在惡化，也不是沒有意識到他們很可能沒辦法再過以前那種平實、能外出旅遊的日子。只是事情的變化超乎預料，她心裡還有好多好多對先生的不捨、心疼和不甘。

在情感上，她還很難接受這是一場「真的回不去了」的比賽。

她就像是那些還留在賽場上的人，即便比分懸殊，仍不想放棄任何一個可能逆轉的機會，所以她比任何人都在意先生的每一個風吹草動。

我想**她心裡一定想著：如果我能仔細一點、積極一點、努力一點，找出原因所在，說不定還有機會反轉現況，和先生再過上一段平凡的日子。**

療心錦囊

焦慮與煩惱是調適的必經之路，沒有捷徑

最後，我回報腫瘤科團隊：

面對病人的病況突然惡化，妻子處在哀傷與疾病調適的歷程中。雖然我們都希望她可以不要那麼焦慮、不要那麼煩惱，但這就是一條必經之路，沒有捷徑，也不會有特效藥。

面對可能即將失去一輩子形影不離的另一半，她的這些不捨、傷心、失落、焦慮與害

怕，都是正常的情緒反應。

有的時候，她只是需要再多一點點的時間，以及我們多一些的同理和包容，她就有辦法一步一步地走完這段路。

孩子，媽媽捨不得你這麼辛苦

白髮人送黑髮人

何等艱難，才能不逃避、不顧左右而言他，如此直接地與孩子談論死亡？

深深動容的家人情感

在安寧與癌症照護的臨床工作中，介於二十至四十歲這個年齡層（又稱「成年早期」）的病人總是格外吸引我的關注。或許是由於我們所處的人生階段相當，成長於相似的時空背景，因而我特別容易投入這些年輕病人的生命，與他們的經驗產生共感和連結。

我也常在看著他們與主要照顧者之間的互動時，聯想起自己和家人間的情感，深受觸動。

母親的自責與愧疚

二十歲出頭的安安是安寧病房中少見的年輕病人。她轉入安寧病房的第一天，護理師邀請我一同參與協助為她身體去角質、按摩、放鬆的過程，我便是從那時候認識了安安和她勇敢的媽媽。

護理師一面細心地讓安安的手腳輪流浸泡在溫水中，一面示範給媽媽看怎麼替皮膚去角質。

媽媽向護理師道謝，疼惜地對安安說：「哎喲，媽媽好笨，對不對？以前都不知道可以這樣幫你把皮膚弄得嫩嫩的，媽媽好懶惰喔。」

躺在病床上的安安雖然意識清楚，但已不太能夠表達，只能偶爾眨眨眼；狀況好一點的時候，可以從喉嚨緩慢地發出幾個音節回應。

護理師帶著媽媽幫安安從左腳換右腳，再從左手換右手，泡溫水、搓、揉、去角質的過程中，媽媽一面和我聊著安安的人生。

安安是家中唯一的孩子，爸媽的掌上明珠。

「我們這個女兒很優秀喔！成績好，人緣好，又會畫畫，就是還沒交過男朋友。」媽媽向我們介紹時的語氣得意又驕傲，接著看向女兒，帶著點惋惜與心疼地對她說：「對不對？安安每次都說還沒談過戀愛。」

他們每年都會出國家庭旅遊，東京的迪士尼樂園是安安最懷念的地方，在還能說話表達時，她總是念著還想再去東京玩。

「那天她剛考完大學指考，就告訴我她的頭好痛。我原先以為只是準備考試的壓力太大，跟她說休息一下就沒事了，哪知道一直都沒有好轉……後來去醫院檢查，醫師說可能是腦瘤，要我們趕快開刀和治療。」

描述發現安安罹癌的過程時，媽媽雖然沒有明顯的情緒起伏，但仍聽得出對於沒有及早察覺女兒健康的異狀，她有些自責和愧疚。

女兒痛苦到想安樂死

「開刀後，她有繼續念大學嗎？」我好奇地發問。

「有。」媽媽說。

安安開完刀後，有一段時間的病情穩定，家人為了滿足她期待中的大學外宿生活，幫她在學校附近租了一間套房。但好景不常，離家獨立的大學生活只持續了一個學期，就又得回醫院開刀和治療。

「不過，同學們都對她很好，即便後來她沒辦法常常到學校上課，但只要有那個什麼家聚，他們都會特別約我有空的時間。當天，我開車載她去參加聚餐，然後自己去隔壁的餐廳吃飯，等她聚餐完，再載她回家。」

媽媽說，家人、老師和同學們都很努力想讓安安不因為生病這件事，影響她這個階段該享有的生活體驗。

不過，後來安安的狀況每況愈下，肢體動作逐漸不協調，上、下樓梯都需要爸媽揹著。她的情緒起伏也愈來愈人，脾氣漸漸難以控制，有時就像個年幼的孩子。身體能力的惡化，加上情緒調節的困難，安安開始吵著要媽媽趕快讓她「安樂死」。

不過，安安還是自己選擇了要再開刀拚一次，希望能爭取回到校園和同學一起上課的機會。

但不出醫師所料，手術後不久，安安住進了安寧病房，由媽媽二十四小時在身邊陪伴和照顧。

身為母親，多麼難以割捨和面對

「安安，你肚子餓嗎？想吃布丁嗎？想的話，你就眨眼給媽媽看好不好？」媽媽一手拿著女兒最愛的布丁，一手握著塑膠小湯匙，貼近她的臉問道：「安安，你這樣媽媽不知道你的意思。哎喲！媽媽好笨，都猜錯了。你再說一次好不好？」

見女兒沒有反應，媽媽搖了搖頭，把布丁放下。

她有一雙水汪汪的大眼睛，女兒就像她一樣。瘦削的身形加上一頭灰白頭髮，讓她看起來比實際年齡蒼老許多。

幾次互動下來，看著她對女兒的疼惜與細心照料，我不禁有些擔心：對於孩子即將面臨的離世，身為母親，將有多麼難以割捨和面對？又會有多難放手？

某次有個適當的機會，我邀請媽媽和我分享陪伴孩子一路走來的心路歷程，以及她對疾病現況的感受與準備。萬萬沒想到的是聽到媽媽告訴我，她的心裡都準備好了，就是希望女兒不要再痛苦，平安離開。

「如果安安還能再回復正常生活，我當然希望她繼續活下來。但是你看她現在，不能說話、不能吃、不能走、不能跳，連一張衛生紙都拿不起來，這樣活著有什麼意義？我跟她說：『安安，媽媽也不想要你再這麼辛苦。』

「她之前常吵著要我們讓她安樂死，趕快讓她離開。不過，其實她也捨不得我們，總是說她『最擔心媽媽』。」

述說著關於與安安道別的想法時，媽媽的表情十分平靜而鎮定，好似這已是她經過無數次思考、反覆整理過後，得出的結論。

如果你準備好了，就去做快樂的天使吧！

一天我進入病室時，安安特別清醒。這是幾次互動下來，她最清醒的一次，不只眼神會隨著我移動，甚至可以用緩慢的語速簡單回話。

「安安，你記得我是誰嗎？」我問。

她緩緩地搖頭，說：「不……知……道……」

我笑著對她說：「沒關係。我是心理師，之前來看過你，也和媽媽聊過天。」

「嗯……」安安發出聲音回應，很快又疲累地闔上眼睛。

媽媽跟我談起安安這幾天不太穩定的身體狀況，難掩沉重。她彎身在安安耳邊說道：

「安安，媽媽知道你很辛苦。你現在不能跑、不能跳、不能吃，甚至連一張衛生紙都拿不起來……」停頓了一下後，她接著說：「這樣的生活，我們不要了。」

安安微微睜開眼睛看著她。

她摸著安安的臉頰，繼續說道：「安安，如果你準備好了，就去做快樂的小天使。」

「嗯……」安安似懂非懂地回應。

「媽媽知道，安安最擔心媽媽對不對？」

「安安，不用擔心，媽媽很勇敢。你看，身邊有阿姨和舅舅陪著我，你放心。」講著講著，媽媽的眼淚撲簌簌地落下。

「不……要……哭……」安安的眼神努力看向媽媽，然後用盡力氣擠出這三個字。

「好，媽媽答應過你，媽媽不會哭。」她一邊說，一邊用手抹去臉頰上的淚珠，接著轉身走進廁所。

媽媽暫時離開整理心情的這一小段時間，我傾身到安安的耳邊，對她說：

「安安，媽媽跟我講過她把你帶大、教你讀書，還有你生病後，堅強地照顧你、陪伴你的過程。我覺得她是一個好勇敢的媽媽，所以安安不用擔心，我相信她會好好照顧自己，好好生活。」

她睜大眼睛看了我一眼，隨後又闔上。

媽媽回到病床旁之後不久，突然間，安安又睜開眼睛，這次她問：「還要……多久……？」

就在我思索著該不該幫忙回答這個困難的問題時，眼前這位勇敢的媽媽所給女兒的回應，我始終銘記在心。

面對女兒的提問，她歪著頭想了兩秒，接著語氣無比堅定地說：

「安安，媽媽也不知道時間還有多久，媽媽沒有辦法決定……但是媽媽會在這裡陪著你。

「如果你看到有人來帶你走，如果你覺得你準備好了，你就跟他走。安安，要記得跟著光走，去找阿公、阿嬤。

「你不要擔心媽媽，媽媽很勇敢，會好好照顧自己。」

「嗯……」安安好像聽懂媽媽的話，安心地閉上眼睛，繼續陷入沉睡。

療心錦囊

談論死亡的勇氣

在一旁親眼見證這段過程，讓我既感動又鼻酸。

臨終生死的課題中，「白髮人送黑髮人」一直是最殘酷、最困難的篇章。而何等艱難，才能不逃避、不顧左右而言他，如此直接地與孩子談論死亡？又要有何等勇氣，才能去了解並承接孩子求死的念頭，站穩腳步陪著孩子準備死亡？

眼前這位頭髮灰白、身形瘦弱而面容憔悴的女人，是我看過最勇敢的媽媽。

四、收藏回憶，好好陪你走一程

——愛要及時

該怎麼留下一些東西給家人？（上）

病人的愛與堅持

他最大的心願就是即使自己不在了，也希望太太和孩子未來可以過得好。

想為孩子留下珍貴回憶

每當有年輕病人住進安寧病房，我們團隊都會特別關照，特別是這個家庭剛轉進來時，護理師就交班說「病人的願望是想陪兒子過完年底的生日」。他太太也告訴我們，每年他們全家都會一起吃蛋糕，幫兒子過生日。

為難的是，今年孩子的生日距離病人轉入安寧病房的這天算起，還有一個多月——安寧工作者都知道，對於末期病人來說，超過一個星期以上的事情，基本上都很難預測，更別說「一個多月」這個非常奢侈的數字，所以大家在心裡思索著，是不是應該提早替兒子慶生。

其實我們很清楚病人在乎的不是慶生儀式，而是「我能在兒子身邊，陪他度過九歲生日」，為孩子留下珍貴回憶的這份意義。

爸爸的日記本

歷經多次手術與放射治療後，疼愛孩子的病人唯一思考的事情是：該怎麼留下一些東西給孩子？

他提出來和我討論。歷經生病和治療後，口齒已不太清晰的他，費力地告訴我有朋友建議寫卡片，也有人提議錄一段影片給小孩。

「可是我不知道怎麼寫。還有，你可以告訴我要講些什麼嗎？」他茫然地問。

我和他討論，不擅言詞的他不一定要拘泥於卡片或影片的形式。

這時，瞥見他桌上的妖怪手錶筆記本，我突發奇想地建議：「要不要試著把這本筆記簿當成日記，有空的時候就隨手寫一些東西，寫你現在的心情也好、對兒子的思念也可以，或者突然想到什麼給兒子的叮嚀，就統統把它寫下來。這樣的方式對你來說應該比較不會有壓力。」

身旁的太太忍不住提出疑惑：「小孩子真的懂嗎？」

「一定可以懂。就算現在還不能理解，我相信等他長大後，爸爸的這本日記對他來說一定很重要。」也不知打哪來的自信，我這樣向夫妻倆保證。

他點了點頭，彷彿在說「好，那我就試試看吧」。

短短數行，卻蘊含豐厚的父愛

後來經過病人半掩著的房門時，常常透過門縫看到坐在病床上的他埋頭寫字，努力為兒子留下一些話。

有一次，太太翻開筆記本給我看，上面寫著：

十一月二十日。不知道怎麼了，頭還是一樣暈，是不是開始惡化了？不知道多久才會好一點。爸爸還是有想到你……有沒有聽老師的話……生病要記得看醫生……

一位慈愛的父親，用著歪歪扭扭的字跡寫下自己每天的心情，儘管只有短短數行，卻蘊含著豐厚的父愛。

我真的相信當兒子在未來讀到這些內容時，一定也感受得到，字裡行間那濃得化不開的父愛。

想和妻子補拍婚紗照

另有一回，長期關心這家人的社福夥伴表示她聽病人提起過，他還有一個心願，就是想跟太太補拍婚紗照。婚前他沒辦法帶太太拍，現在想要彌補她，而且也想拍一張照片給兒子留存。

「他說，想要去外面給太太拍真正的婚紗照。」

但無論在花費上或是以病人目前的身體狀況來說，要實現這個心願都頗具難度。我正陷入沉思時，身旁的安寧社工師已經爽快地接下這個任務：「好，交給我來處理！」

緊接著，她以迅雷不及掩耳的速度打電話詢問各家婚紗公司，最後終於有一家佛心的婚紗公司願意給予非常優惠的價格，幫病人完成心願。

我們喜孜孜地告訴太太這個好消息，她先是向我們道謝，接著感傷地說：「我先生以前三不五時會提到要補拍婚紗照，但我總認為自己的身材走樣了，不想拍。結果拖到現在他病倒了……」停頓了一下，她面有難色。「要拍是可以，只不過婚紗店的環境不是我們熟悉的，如果他在那裡出了什麼突發狀況，我要怎麼應對？」

一旁的資深護理師聽了太太的擔憂與焦慮，自告奮勇要陪他們一起去拍照，她會看顧好病人的傷口。有了護理師的陪伴，太太鬆了一口氣。

兩天後，我們從側拍中看到拍照當天，病人一身西裝筆挺地坐在椅子上，小心翼翼地幫太太戴上戒指的模樣，兒子戴著可愛的大領結站在他們身邊，笑得靦腆。這張幸福的婚紗照背後，顯示了一位父親、一位丈夫過人的堅持與決心。

病人的愛與堅持，我們深深感受到了

即便不擅言詞，他仍然願意為了孩子，每天用文字記錄下心情話語。即便罹癌後消瘦了二十公斤，臉頰上有著無法遮掩的明顯傷口，他還是堅持彌補一張美麗的婚紗照給太太，用盡全力撐著日漸虛弱的身體，到攝影棚拍一張正式的照片留給母子兩人。

雖然身體已虛弱到難以獨立完成一件事情，且在歷經無數次手術與治療後，不僅說

話較困難，外表也和過去的模樣判若兩人，但是他一而再、再而三地清楚表達出，他最大的心願就是即使自己不在了，也希望太太和孩子未來可以過得好。

他所有的愛和堅持，我們都感受到了。

療心錦囊

最後一段路，不只是受苦與忍耐

在安寧病房裡，太多太多的末期病人因為身體與心理上的痛苦和煎熬，只能把僅存的力氣及注意力放在自己身上，對於外在的事務、其他的事情，不只心有餘而力不足，也很難再懷抱著任何期待。

這段時間，對他們來說似乎只剩下受苦和忍耐，這是非常令人心疼又惋惜的。

如果醫療團隊和家屬，有機會幫助末期病人將身體症狀控制在尚可承受的範圍內，並且在病人需要的時候，給予最大的支持與協助，或許，他們就有更多的機會，**相信自己還有能力為重要的人、事、物付出，為自己在生命最後的日子裡，找到能夠努力的意義與目標，一步一步堅定地前行。**

我想陪兒子過完今年的生日（中）

為男孩的預期性哀傷做準備

男孩常常逃避這個話題，有時候看似知道，有時候又好像不太懂。

爸爸不要去「那裡」，一定還有奇蹟！

為了讓病人實現「陪兒子度過九歲生日」的願望，我們與夫妻倆討論後，決定提前兩週在病室幫兒子慶生。

然而切完蛋糕的隔天，太太私下來找我，表示前一天慶生時，兒子看起來好像沒有很開心。「他嘟著嘴巴抱怨：『今天又不是我生日。』」

其實打從先生轉入安寧病房，她就一直很困擾，不知道該怎麼讓兒子「接受爸爸不久後就要離開」的事實。兒子常常逃避這個話題，有時候看似知道，有時候又好像不太懂。

「那天我們要轉來安寧病房之前，他一直哭鬧著說：『爸爸不要去那裡，一定還有奇蹟！我聽說有一個地方有神仙水可以喝。』

「有時候我要他去跟爸爸說說話，他就哭喪著臉，一副快要哭出來的樣子，鬧彆扭不願意去靠近爸爸。」

她期待我能以心理師的專業，幫助將滿九歲的男孩面對爸爸的死亡。

起初我實在沒有頭緒，當下除了告訴她「慢慢來，不要急」、「可以多問一些孩子當下的感覺和想法」之外，真的不知道還可以怎麼做。

雖然曾念過兒童哀傷輔導的書籍和理論，但是面對這個總簡短回以「不知道」、「還好就是還好」，說沒幾句話就在媽媽身邊扭動的小男孩，我還真是沒轍。

他眼睛一亮：「你家裡也有人生病嗎？」

幾天後的一個下午，學校只上半天課，我在病房第二次見到男孩。我問他：「前幾天爸爸媽媽幫你慶生，你開心嗎？」

他一臉酷樣地回：「還好。」

「什麼叫做『還好』？」我問。

「『還好』就是……還好。」他不改頑皮個性地回答。

我決定不輕易放棄任何一絲可能更了解他的機會，繼續追問他：「所以，『還好』是指『沒有真的很好』嗎？」

「嗯……」他突然停止嬉皮笑臉，認真地看待我的詢問。

「你要不要跟我說說看，是哪一個部分讓你覺得爸爸媽媽提前幫你慶生『沒有很好』？」

我試著一點一點地釐清他的想法和心情。

「因為這樣就代表……我爸爸……在我生日的時候可能……」他沒有把最後一句話說完，只將頭埋進沙發裡，雙手做出翅膀拍打的動作。那瞬間，我的心揪了一下。

我問他：「你是不是常常想到這件事，覺得很難過？」

他點點頭，接著冷不防地反問我：「那你也會常常想到嗎？」

我被問得措手不及，還來不及思考，本能地回答：「會啊。」

沒想到他聽了眼睛一亮，繼續問道：「那你家裡也有人生病嗎？」

看著他發亮的眼眸，我心中閃過一絲「該不該跟他說實話」的猶豫。我猜想，他一定很期待聽到有人與他處在相同的處境。

經過半秒鐘的掙扎後，我告訴他：「沒有耶，我家人沒有生病。」

對於我的回答，男孩顯得有些失望。

我接著說：「但是我的爸爸媽媽都在變老。他們六十多歲了，所以我有時候會想到，有一天他們可能離開我，我也會害怕。」

男孩沒有說話，看他皺著眉頭的表情，好像也在思考著「變老」是怎麼一回事。或許有一天，他將體會到：「對耶，不只生病會死，老也會死。」也許到那個時候，他小小的心靈就不會這麼孤單。

病況急轉直下

眼看距離「陪兒子過生日」的目標愈來愈近，此時，病人的病況卻開始出現變化。這天一大早，護理師交班時提到：「週末時，病人的傷口大出血，那時我們便向太太提醒pre-dying（瀕死）的準備了。」

她繼續說：「昨天晚上病人很躁動，打了好幾支鎮定劑，效果都不是很好。」這聽起來不是好兆頭，我不禁擔心起太太的狀態，決定去看看她。

爸爸會不會在我生日的時候死掉？

病人沉睡著，太太看著他緊閉著雙眼的疲憊模樣，一邊對我描述先生這幾天的變化，一邊掉著眼淚說道：「好矛盾，我不知道該怎麼辦。我不想讓他一直睡，想要他醒過來跟我們說說話。但，又怕孩子看到爸爸很混亂的樣子，會被嚇到。」

太太說，之前兒子放學後來醫院，最喜歡和爸爸一起窩在沙發或病床上看卡通。但這兩天他來探病時，爸爸都持續昏睡著。他回家後，特地打電話來問「爸爸醒來了沒」。今天早上要出門上學前，又再次打來問「爸爸有沒有醒來」。

我詢問，兒子是否有感受到爸爸的狀況正在惡化，太太想了想，說：「我沒有特別跟他講，但是我覺得他應該知道……」

她捏著手裡的衛生紙團，說起對兒子的觀察：「前陣子，他每天都很期待地說：『耶！我的生日快要到了，爸爸應該可以陪我過生日了，耶！』

「可是最近幾天，他常常告訴我：『媽媽，怎麼辦？我的生日快要到了，好可怕。爸爸會不會在我生日的時候死掉？這樣子以後我過生日都會很難過……』」

成為一整個家庭的後盾

從太太的語氣和表情中，我明白她希望讓兒子理解爸爸目前的情形，卻不曉得該怎麼做，也沒有勇氣對孩子開口。

我告訴她，我們安寧團隊會一起協助他們。接下來，孩子的病情告知與哀傷輔導，是我們共同的目標。

你上天堂，還是要保護我和媽媽喔（下）

兒童的病情告知與哀傷輔導

我們先好好照料自己的失落，才更有力量細緻地陪伴孩子，攜手走過生命幽谷。

小小病室，收納全家人的心事

幾天後，那是一個週五的下午，我走進病室，看到專科護理師一面向太太說明病人的病情，一面引導男孩做一本小書送給爸爸。

一間小小的單人病室裡，一家三口好似處在不同的時空：病人仍舊在病床上沉睡著，無論外界聲響如何嘈雜，他都沒什麼反應；太太的哀傷持續蔓延，不同的團隊成員陸續進來陪伴她，陪她聊著現在的心情，以及過去與病人的回憶；我則邀請男孩跟我和護理實習生學弟一起來玩遊戲。

因為我沒有找到特效藥，爸爸才變成這樣嗎？

我拿出一疊圖卡，一一攤在桌面上後，說明規則：「這個卡片很酷喔！你看，總共有四十八張不一樣的圖案。等一下，我們三個人輪流出題目，然後每個人都要找一張符合題目的圖片，告訴大家為什麼你會挑這一張。」

我先請大家挑一張「**最能代表你現在的心情**」的卡片。男孩挑了一張畫著笑臉和海鷗的圖案，露出天真無邪的酒窩解釋：「因為我現在很放鬆，很開心。」

「為什麼很開心呢？」我問道。

「因為可以玩遊戲很開心！」他回答。

輪到男孩出題，他想了一下，說：「現在你有兩個答案，可是不知道要選哪一個。」

他試著用肢體動作解釋意思：「就是……就是……你前面有很多路，可是你不知道要走這一條、還是那一條，你不知道要選哪一條比較好。」

他一邊說明，一邊示範了蹲在地上，雙手抱頭的動作——這是他現在心情的寫照嗎？我忍不住猜想。

接著換學弟出題：「什麼事情會讓你很開心？」

男孩思考了一會兒，選了一張畫著一對男女的卡片，解釋：「跟爸爸媽媽在一起，我都很開心。」

「那如果可以送一份禮物給爸爸，你要送什麼給他？」我接著問。

他不假思索地挑了一張畫著一顆彩色大膠囊的圖卡，認真地描述：「我希望送給爸爸的禮物是一種可以從嘴巴吃的特效藥，吃了會經過心臟，然後到全身，這樣他的病就可以好起來了！」

「你找到這個藥了嗎？」我忍不住好奇地問。

「還沒。」

「你還在找？」我又問。

「對，我還在找。聽說台南那邊有一種神仙水。」那瞬間，他的眼神無比堅定。頓了一下，他繼續說：「嗯……但就是因為我還沒有找到，所以我爸爸才變成現在這樣子……」

男孩的表情突然變得落寞，我們一時不知道該怎麼接話。停了幾拍，我開口：「你選一個禮物送給媽媽吧！」

他細細端詳剩餘的圖卡後，挑了一張畫著彩虹圖案的卡片，說：「我希望媽媽的心情可以像彩虹一樣。」

「『像彩虹一樣』是什麼意思呢？」我問。

「就是像彩虹一樣，心情很好、很漂亮。」他笑著回答，臉頰上綻放兩個小酒窩。

「你平常會做什麼事情讓媽媽心情變好嗎？」我好奇地問。

他還愣在原地思考時，在一旁默默聽著我們對話的媽媽伸出雙臂，紅著眼眶對他說：「來，媽媽抱抱。」

男孩立刻鑽進媽媽的懷抱。

直接與孩子討論可能會發生的狀況

我們離開病室時，太太追了出來。「心理師，我有一個問題想問你。你覺得我要不要跟孩子討論，如果爸爸沒辦法陪他過生日怎麼辦？」

下週一就是男孩期待已久的生日了，然而我們不確定病人能不能撐過週末。

最後，我們決定**直接與男孩討論生日當天可能會發生的狀況**。

太太勇敢地起了頭，對孩子說：「如果爸爸還在，我們就像上次那樣買一個大蛋糕來，一起唱生日快樂歌，然後跟大家分享，好不好？」

我接下去說：「如果到時候爸爸已經不在了……我知道你心裡會很難過，我猜爸爸一定也很想陪你過生日，他每年都會幫你慶生，今年一定也一樣。假如，爸爸真的先離開了……就讓媽媽幫你買一個小蛋糕，陪你慶生好嗎？」

聽了我們的說明，男孩顯得很失落，但只是乖巧地點點頭。

週末時，我到文具店挑了生日卡和一副益智牌卡，當作男孩的生日禮物。

我想讓他知道，不管怎麼樣，他的生日還是那個獨一無二的日子，那個屬於他的大日子，不會因為爸爸生病或離去，而變得不該開心或慶祝。而且不只爸爸媽媽，這個世界上還有好多好多人愛他，因為他是這麼真誠又善良、這麼全心全意愛著爸爸媽媽的孩子。

剛準備好禮物，卻收到同事傳來訊息：

病人走了。

他終究還是沒有等到兒子的生日，好可惜，就差這麼一天……

幾秒鐘內，我內心上演了各種小劇場：不知道他是安心地闔上雙眼，抑或是帶著遺

憾嚥下最後一口氣？男孩日夜擔心的事情果真發生了，他該怎麼面對生命中第一個沒有爸爸的生日？

無論如何，你的生日仍是獨一無二

週一，也就是兒子生日當天，母子倆回來病房辦出院手續。等待的過程中，我有些不安，不知道男孩會是怎麼樣的心情狀態。

「有人來嘍！」護理站傳來一陣騷動。

太太牽著兒子走進來，男孩瞇著眼睛，露出他的招牌酒窩，對大家招手。

看到這一幕，我心中的大石頭放下一大半，趕緊宣布這個消息：「今天是他生日喔！」

「哇，壽星耶！生日快樂！」大家紛紛獻上祝福。

我拿出準備好的禮物，護理長也獻上一大包餅乾做為慶祝。「哇，好棒喔，我有好多禮物！」男孩笑得合不攏嘴，迫不及待地拆開包裝。

他露出天真無邪的笑容跟我說：「我爸爸昨天上天堂了，所以今天和明天，我都不用上課喔。」

一時之間，我不曉得該怎麼回應，無法確定他是不是在強顏歡笑。但即便是故作堅強，當下他表現出的平靜與開朗，澈底地撫慰了在場揪心的大人們。

爸爸，我愛你

幾天後，太太傳來一則訊息：「昨晚，他抱著我一直哭，說他想爸爸。我跟他說，你上次不是有寫一本小書要送給爸爸嗎？你要不要拿來念給爸爸聽？爸爸在天上都聽得到。」

隨後，她傳來那本小書的內頁照片，男孩用工整的稚嫩字體一筆一劃地寫著：

爸爸我愛你，你上天堂還是要保護我跟媽媽喔。如果你不保護我的話，我就叫媽媽下輩子不跟你結婚。

小書的最後一頁，藏著他這一個多月來，每天在心底默默許下的願望：

希望你能撐到我生日那一天，我的生日是十二月二十日。

療心錦囊

陪伴孩子與支持妻子，同樣重要

1引導孩子共同參與，重拾安全感與效能感

陪伴這個家庭的過程中，我們花了很多心力**替兒子的預期性哀傷做準備**。在家屬的支持和同心努力之下，我們嘗試藉由不同的方式，讓男孩了解爸爸的病況變化，鼓勵他一起參與照顧爸爸。

在病人邁向生命終點前，我們除了讓男孩對於「爸爸可能沒辦法達成對他的承諾，陪他過生日」，有些心理準備及備案，也不斷向他強調，不管發生什麼事，大家對他的愛、重視和祝福都不會減退。

另外也透過男孩喜歡的遊戲與創作方式，讓他有機會在輕鬆、準備好、感到被支持與陪伴的氛圍之下，表達那些他說不出口、或者不知道怎麼表達的想法和心情。也試著在這些過程中，陪伴他回顧與爸爸之間的美好回憶，思考他能怎麼祝福爸爸媽媽，以及在他心情不好、難過的時候，可以做些什麼事讓他重新拾回安全感。

癌症心理師的

療心錦囊

2協助媽媽穩定情緒，她就有能力幫助孩子

其實在整個過程中，最不可忽略的關鍵是「**對太太的支持**」，**這是我們陪伴年幼子女走過喪親歷程最重要的事。**

奠基於家人之間長期、穩定的親子關係，當我們能協助太太穩定情緒，她自然就有能力幫助孩子，知道當孩子經歷哀傷與孤單時，她可以怎麼給予協助和陪伴，給孩子最穩固的安全和信賴感。

3保護孩子的同時，大人也要照顧好自己

男孩生日當天回到病房的反應，也讓我有了一個新的體會：身為大人的我們，總是提醒自己要好好照顧孩子的心情，不要讓孩子受傷害。但或許我們都忽略了，小小年紀的他們也會用自己的方式——或許是強顏歡笑，或許是把注意力轉移到玩具或電視上——來保護我們這些努力要堅強起來、怕孩子受驚嚇的大人。

因此，無論是家屬或醫療團隊，在一心一意想要照顧和保護孩子的同時，「自我照顧」也是同等重要的。

我們要先好好地看見與照料自己的哀傷、失落，才能有更多的心理空間及力量，細緻地去陪伴孩子的每一種情緒與行為反應，攜手走過生命的幽谷。

你們在這裡，讓我不孤單

心理照顧不只是談話，更可以用「做」的

我們一同創造的回憶和意義，將成為思念親人時，一股療癒的力量。

對生命豁達的她

從事安寧工作時，除了每天固定在安寧病房訪視病人外，每個月也會安排幾天，跟著居家護理師和主治醫師深入大街小巷，走入病人的家中進行「安寧居家訪視」。

安寧居家的照顧模式，不僅讓末期病人在生命的最後一段時間裡，能夠在最熟悉、舒適的環境中度過，同時也讓我們醫療團隊有機會看到病人與家屬最真實的生活樣貌。

一個星期三早晨，我們前往阿好姊的家。

四十多歲的阿好姊是安寧居家的老病人，主治醫師和居家護理師已經照顧她好一段時間，我則是第一次跟她見面。主治醫師先幫我前情提要：「這是位對生命很豁達的大姊。」

大女兒去上班，前來應門的是讀高職的小女兒。上到二樓後，側躺在客廳沙發上的阿好姊勉力擠出笑容迎接我們。半年前，她被診斷出癌症第四期，短短幾個月內就瘦了十幾公斤，只剩皮包骨的她疲憊地說著：「我感覺自己很沒有力氣，不想動，也不太想吃東西，每天就躺在這兒。直到大女兒下班回來，跟妹妹一起扶著我回房間。」

主治醫師順著她的話，詢問她這兩週在家中的狀況。這時，她突然冒出一句：

「我……想去安寧病房住院。」

我們都沒想到看似淡定的阿好姊會提出這個要求。一般而言，大部分的病人都巴不得能一直待在熟悉的家裡，尤其是目前她看不出有特別需要住院處理的急性症狀。

主治醫師向她解釋在家休養的好處、等待病房排床的困難度，而以她目前的情況，接受安寧居家照護才是最合適、最有品質的。聽完說明，她靜默不語。

主治醫師轉頭對我使個眼色，先退到旁邊打病歷，我知道接下來輪到我上場了。

「幽默感」是醫病溝通的潤滑劑

我一屁股坐在阿好姊身邊的小椅子上，賊頭賊腦地問：「阿好姊，你知道住院的好處是什麼嗎？」

「是什麼？」突如其來的問題讓她丈二金剛摸不著頭腦。

「就是……可以每天看到我啦！」我送她一個燦爛的微笑。其實至今我還是想不通，自己怎麼有臉對才第一次見面、認識還不到十分鐘的病人講出這麼厚臉皮的話，不過沒想到這句話卻讓全場爆笑。

原本眉頭深鎖的阿好姊也笑開懷，很捧場地對我說：「對啊，看到你，我就開心！」原先有些嚴肅、僵持的氣氛就這樣一點一點融化了。心情變得輕鬆後，阿好姊聊起想住院的原因。

「前兩次住院，你們醫院的護理師和醫師都很好，讓我很安心，我覺得不孤單，有需要的時候，你們都在。雖然我現在沒有怎麼樣，但是前幾天真的好難受、好痛苦，不知道該不該去急診。待在家裡一痛苦起來，我不知道還能怎麼辦……」

雖然阿好姊表示看待生死很豁達，但是從表情和言語中，可以感受到她待在家中的

孤單與身體不適時的無助。

思考了一下阿好姊的處境，我先向她說明主治醫師建議她繼續接受居家照護的原因：沒有急性症狀、安寧病床不好排、病房的環境不見得如她意，以及待在家裡，照顧者也比較方便和舒適等等。停頓了三秒鐘，我接著說：「如果你考慮過這些要素之後，還是覺得住院比較放心，我想，我們還是可以幫你排床。」

其實心理師的角色並沒有權力決定病人是否能安排住院，我這麼說，是基於跟主治醫師的合作默契。

主治醫師接著我的話說：「好啊，就排吧！等輪到你的時候，你可以再評估當時的狀況，決定要不要住進來。」

阿好姊看起來鬆了一口氣，安心地點點頭，轉向我笑著說：「我去住院的話，就能天天看著你開心啦！」

看著她的笑容，我突然有個特別的體會：原來「幽默感」也可以成為醫病溝通和心理照顧的潤滑劑。

陪她過一段心滿意足的時光

果真如阿好姊所願，才隔了一天，她就接到安寧病房的入住通知，當晚便住進醫院。我遵守「住院的好處就是每天可以看到我」的承諾，第一時間去和她打招呼，她見到我便笑開懷，只不過，笑容明顯變得虛弱。

安寧病房的亮點之一是一台具有升降與按摩功能的「百萬洗澡機」，護理師每天會帶身體狀況許可的病人到澡間洗個舒服的ＳＰＡ：病人躺在防水擔架上，讓護理師沖洗身體，待洗淨身體後，浴缸便緩緩上升，病人可以一邊聽著音樂，一邊在按摩浴缸裡舒服地泡澡。

隔週一的早晨，阿好姊喜悅地與我分享週末「洗澡」的舒適經驗：「我這輩子從來沒有這樣泡過澡，好享受喔！真希望還能再來泡澡……」

她臉上洋溢著滿足的表情。

再一次舒服地泡澡

隔天早上，阿好姊看起來又更加虛弱，聽說她整個晚上都在嘔吐。

再隔一天，她的血壓明顯降低，呼吸顯得費力，連睜開眼看我的力氣都沒有。我在她耳邊說：「阿好姊，我們都在這裡喔。你可以放心休息，我們都會陪著你。」

過了一會兒，護理師問我：「上次阿好姊泡澡泡得那麼享受，還意猶未盡，我們今天再讓她去洗ＳＰＡ好不好？」

聽了這個提議，我眼睛一亮：「好啊！但……我得詢問一下家人的意願。」

我找到兩個女兒，向她們解釋：「上次媽媽提到還想再泡澡，但這幾天一直沒有機會。我們今天想要幫媽媽洗澡，」我吞了吞口水，放慢語調說道：「不過根據過去的經驗，有些病人可能會在泡澡的過程中，或是洗完澡後不久，就這樣舒舒服服地離開……「知道了這樣的可能性，你們還願意帶媽媽去泡澡嗎？」

兩個女兒相視一眼後，齊聲堅定地說：「好，就讓媽媽去泡澡吧，讓她舒舒服服的。」

快樂出帆啦！

姊妹倆跟我們一起推著阿好姊到澡間，我問姊姊：「媽媽平常喜歡聽什麼歌？我們放出來讓她邊聽邊泡澡。」她想了一下，拿出手機播放〈快樂的出帆〉，這是她媽媽最常哼唱的歌。

今日是快樂的出帆期
無限的海洋也歡喜出帆的日子
綠色的地平線　青色的海水
卡膜脈　卡膜脈　卡膜脈嘛飛來
一路順風唸歌詩　水螺聲響亮送阮
快樂的出帆啦

在歌聲中，我們分工合作地幫阿好姊洗好澡，然後協助她慢慢浸泡入浴缸中。這時，我想起她曾開玩笑說小女兒「浪費錢」考了美容證照，便帶著妹妹到護理站挑選幾支精油，讓她在水中幫媽媽做精油按摩。

泡在浴缸中的阿好姊一面聽著最愛的歌曲，一面享受女兒們幫她按摩和沖水，很舒服的樣子。

我笑著對她說：「哇，兩個寶貝女兒陪著你，好享受喔！你看，妹妹的證照沒有白考，光是用在你身上就值得了。」

她露出平靜又滿足的微笑。

泡得足夠了，我們把阿好姊推回病房，在病床旁陪著。她的呼吸愈來愈慢……直到忘記要費力呼吸的那一刻。

很難想像，一個禮拜前還被我逗得哈哈大笑的她，這麼快就到另一個世界去了。我輕聲在她的耳邊說：「謝謝你願意住進來讓我們照顧你，謝謝你給我們機會幫你洗澡，謝謝你這些年對女兒們的照顧。我相信你已經沒有病痛了，一定要『快樂的出帆』喔。」

療心錦囊

在最後這段日子裡，共同創造回憶

過去，我常被困在「心理師」角色的刻板印象中，認為唯有坐下來和病人面對面地深入談話，這樣的諮商才是「專業」。但隨著在安寧領域陪伴末期病人的一次次經驗，我漸漸體會到：**很多時候，心理照顧不是只能用「談」，更可以用「做」的。**

當我和護理師遵守著對阿好姊的承諾，每天去看她，並帶著兩個女兒幫她洗澡、按摩，讓她享受泡澡的時光時，我們便是**用「做」的方式來體現心理照顧。**

透過「行動」，我們參與了病人與家屬的生命，和他們一起沉浸於每一個珍貴、美好的片刻。

透過「行動」，我們也協助病人和家屬在最後這段日子裡，共同創造回憶，並陪伴他們對於日常的相處和互動，賦予了重要的意義。

或許未來有一天，當家屬回想起這段日子時，這些我們一起創造的回憶與意義，會成為他們思念親人時，那股療癒的力量。

遺族追蹤關懷電訪

尊重哀傷

哀傷是需要被經歷，而不是被忽略或克服的。

打給遺族的關懷電話，是打擾？還是療癒？

「遺族的關懷和支持」，一直是安寧療護中重要的一環。

理想上，安寧團隊提供的「全程」照護會延續到病人往生後，對喪親家屬的追蹤與哀傷撫慰。但現實的情形是醫療機構往往礙於人力、資源與經費的不足，這部分的執行程度和效果相當有限。不僅如此，現今台灣社會的風俗民情，大多數的喪親家屬心裡抱持著「人走了就走了」的想法，不希望在病人往生後「被打擾」，再度勾起傷心往事，因此家屬們對於遺族追蹤關懷的接受度通常不如想像中的高。

基於上述種種因素，對大部分的安寧團隊而言，遺族追蹤關懷是一項吃力不討好的任務，對我來說也不例外。

在安寧病房服務時，我每個月都必須負責打電話追蹤前一個月在病房往生的逝者家屬，了解並慰問在親人離世之後，他們的生活適應與情緒調適情形。這稱得上是我內心阻抗最強的一件任務。

每回拿起話筒前，我都要先做幾個深呼吸，讓雜亂的思緒與不安的心情隨著吐氣一起排出體外，透過身心淨空和自我對話之後，我才有足夠的勇氣，撥出每一通給喪親家屬的電話。

不意外地，絕大多數家屬在電話中都選擇以「還好」、「沒事」、「謝謝關心」等簡短的方式，客氣地回應我們的關心。常常可以從家屬接到電話的反應和語氣感受到他們的錯愕。突如其來的慰問，似乎擾亂了好不容易平靜下來的心情，瞬間將他們從逐漸恢復運行的日常，又拉回了陪伴親人走向生命末期的時空裡。

其實我能夠理解，一時半刻，要家屬回應這些日子以來複雜、深刻的體會和感受，並不是容易的事。尤其透過電話，無法直接感覺到人與人之間的溫度，這種形式的「關懷撫慰」更是困難。

久而久之，我心中不免產生質疑：每個月撥打十幾、二十通的追蹤關懷電話，到底有沒有必要？電話訪問的方式，能做到多少「心理治療」或「哀傷撫慰」的效果？又或者，對喪親家屬來說，這通電話是打擾的成分比較多，還是療癒的比重大？

沒人有辦法給我答案，只知道依據評鑑規定，依照安寧療護的精神，這就是一件「該做」的事，我也只能月復一月地配合執行。

直到某一次的遺族追蹤關懷電訪，給了我不同的體會。

沒有時間和空間處理悲傷

那是一位正值事業顛峰的壯年男性病患，積極抗癌治療了半年，還是沒辦法壓制住腫瘤的惡化。在醫療團隊的評估與建議下，他住進了安寧病房。

當時與他沒有機會建立太深入的連結，僅從幾次簡短的接觸和觀察中，知道他來自一個條件很不錯的原生家庭，婚後與能幹又溫柔的太太育有一個國中的孩子。他的病室裡常有不少探病及陪伴的親友，不難想像他在事業與家庭經營上的成功，以及家人、朋友對他的關愛和不捨。

出乎意料的是，他過世得很突然，讓整個家庭措手不及。

那天，還穿著學校制服的孩子上課上到一半匆忙趕來病房，看到再也無法睜開眼睛和他說話的爸爸，忍不住在病床邊嚎啕大哭。

年邁的雙親難以接受兒子就這麼離開了的事實，死命地搖著他的身體，彷彿想把沒了呼吸和心跳的兒子喚醒。

混亂的病室裡，只剩下理性的太太噙著眼淚，堅強地安慰家人，並著手聯絡各方人馬。

一個月後，太太的名字出現在遺族追蹤電訪的名單上。我腦海中立刻浮現當天的情景——不知道在混亂的情況過後，家庭成員是如何過著他們的生活？

我深吸一口氣後，撥打電話。

接通後，太太一聽是來自安寧團隊的慰問，愣了一下。我趕緊表達我們對於她與其他家人的關心，接著詢問：「不曉得這一個月，你們的生活過得如何？」

或許是被我們的真誠關切所感動，她很快地進入狀況，和我敘述起先生過世後，她所經歷到的一切：來自公婆令人窒息的壓力、與夫家同住一個屋簷下的壓迫感、家族間的財務糾葛，以及她被當成家中唯一的外人……一切的一切都與先生原本跟她講好的不一樣。

她哭著說：「從他離開到現在，我根本沒有時間和空間好好處理我自己的哀傷。」—就那麼剛好，這通電話打來的時候，公婆正巧外出，她才得以擁有一個小時的時間，透過電話對我訴說這一個月裡無法說出口的心聲。

我和太太約定，一個月後，我會再打電話追蹤她的生活調適狀況。

聽完所有她想說的話

一個月很快過去，又到了追蹤電訪的時間。

我心裡有些忐忑，不知道這個月的她是怎樣的狀態。家族中令人壓迫的動力與暗流，是不是稍有改善了？她與自己的哀傷，找到平衡共處的方式了嗎？

電話接通後，太太一聽是安寧團隊來電，好像獲得了救贖，迫不及待地告訴我前一日與公婆之間發生的大爭執，鉅細靡遺地描述對話內容和細節，即使隔著電話，仍感受到她情緒的強烈。

我幾乎找不到空檔做出回應，只能聽著她滔滔不絕地敘述。

握著話筒，我一度有些分神地思索著：「要讓她繼續講嗎？還是應該先打斷她？」也曾這麼想：「我現在只要當一個情緒宣洩的管道，還是應該利用諮商技巧，引導她看到更多情緒背後的東西？」還出現這樣的念頭：「用電話真的很不適合會談呢！還是我應該把她約來醫院，面對面地好好談談？」

但**最終，我克服了心中的各種雜音，選擇聽完所有她想說的話。**

同時，我也試著在她的宣洩中找到一些縫隙，與她分享我所感受到的「她的感受」，偶爾加入一些問句引導她去思考：為什麼她選擇這麼做？或是，為什麼長輩會對她做出這些舉動或行為？

成為他人的那道光

太太的情緒漸漸由憤怒趨向平靜、和緩。她告訴我，這個月其實她一直都在自己的步調上，只是昨天剛好發生了那場衝突。

當她強烈的情緒被理解、消化過後，我和她一起看到，長輩也有他們很深、很深的喪子哀傷，更別說那正值青春期，心智尚未完全成熟的孩子。也陪著她看見她的信仰讓她能從一個更高的角度，看到自己所經歷的這些八點檔般的衝突，以及先生在離世前，從沒想像過的種種問題和情境。

最後，她和我分享，這段時間她曾經想過，未來自己是不是也有可能走上安寧領域，以親身的經驗幫助更多和她一樣徬徨的家屬。「在這烏雲密布的現實中，好像還是有那麼點微光引領著我繼續前進。我也希望能成為別人的那道光。」她說。

我好奇地問太太，這兩次的電話追蹤關懷和談話對她是否有幫助。

她回答：「當然有啊！你們真的是個很棒的團隊，你們做的事情累積了很多的功德。

「而且我總覺得接到你的電話就像是一種緣分。尤其這次你剛好就在衝突的隔天打來。今天跟你講了這麼久之後，我的情緒好多了，似乎也不需要再為了這件事情去影響身邊的其他人。」

喘口氣，生活再繼續前進

掛上電話前，太太突然補充道，其實她這麼努力撐下來都是為了孩子。兒子想考醫學系，未來當醫師，可是目前在某些學科上的表現仍有一段落差。

「上個月接到你的追蹤關懷電話之後，我告訴他：『你記得醫院的那個心理師姊姊嗎？你也可以考慮當心理師，心理師也能幫助很多人喔！』」

聽她笑著分享這段對孩子說的話，我心頭瞬間湧上一股難以言喻的感動。

一方面，我相信她在這段時間的親身體驗，讓她對孩子有了這樣的職涯建議。先生離開後的日子裡，她獨自承受著家族中的壓力，一個人面對哀傷，在最孤獨、無助的時候，醫療團隊的一通關懷電話，讓她感受到原來有人試圖理解她、接納她，有人陪伴她看到自己一路走來的努力和堅強，這是多麼重要的一件事。

另一方面，我從沒想過，太太不經意的分享，竟化解了我這幾年來對遺族追蹤電訪的抗拒。

她的回饋讓我體會到：如果我撥打的一百通電話裡，有那麼一通電話，剛好成為一位喪親家屬在情緒浪潮來襲時能牢牢抓住的浮木，讓他／她得以好好喘口氣，生活再繼續前進——那麼，這就是遺族追蹤關懷電訪存在的意義吧。

療心錦囊

透過陪伴，協助家屬找到適應的力量

得知身旁有人正經歷喪親之痛時，我們通常會直覺式地反應：小心不要觸碰到對方的傷口，注意不要踩到對方的地雷。基於這樣的認知，我們常採取避談、或當作沒有這件事情似的與喪親家屬相處。又或者常在不知不覺中，對喪親家屬傳遞出「應該盡快放下，從傷痛中走出來」的態度，例如習慣以「節哀順變」、「要堅強」做為安慰的話語。

事實上，這些都不是協助喪親家屬適應哀傷最好的做法。

哀傷是需要被經歷，而不是被忽略或克服的。

做為真心關懷喪親家屬的親朋好友，我們可以做的是：**透過「陪伴」，協助他們找到屬於自己的適應力量。**

1 「尊重」這份哀傷

我們需要尊重他們的哀傷，尊重他們在哀悼過程中可能經歷的各種情緒，耐心地陪伴他們體驗過程中的喜怒哀樂。

2「討論」如何好好地安排生活

同時，我們也可以陪著他們討論要如何適應沒有逝者的生活。例如：重新投入社交；安排課程，自我充實；學習生活所需的技能（如開車、基本的水電修繕、煮飯）等。並鼓勵他們將部分的注意力回到自己的身心健康上，如穩定作息、好好吃飯、好好睡覺。

3「聊聊」與逝者之間的珍貴回憶

如果和喪親家屬間的關係夠穩固及信任，也可以鼓勵他們聊聊與逝者之間珍貴的回憶。例如：彼此做過或說過哪些難忘的事情或話語？彼此在心中占有什麼樣的位置？有沒有哪些物品或儀式在他們之間具有重要的意義？

維持溫柔、有耐心的陪伴，不趕步調、不忽略真實的感受，重視喪親家屬與逝者之間的連結——相信我們終會慢慢在失落與新生活中，找到平衡與平安。

在生命的最後，你要怎麼活著？

「預立醫療照護諮商」是必要的溝通

思考死亡，也促使我們正視在有限的時間裡，自己要選擇如何活。

病人自主的「預立醫療決定」

《病人自主權利法》在二〇一九年一月六日正式上路後，近幾年照顧癌症病人的過程中，我觀察到有愈來愈多病人和家屬在談話中，主動提及「病人自主」或「預立醫療決定」的概念。

即便其中絕大多數人仍不確切了解法案的施行細節和實際程序，但這個臨床現象已十足振奮人心，顯示在這幾年的努力推動下，病人醫療自主、提前溝通與保障自己的善終權益等觀念，已成功在愈來愈多人心中埋下種子，等待發芽的契機。

簡言之，《病人自主權利法》[1]就是讓我們在還有辦法好好思考、討論，有能力自己做選擇的時候，就先預想：

未來如果有一天，自己不幸成為「末期病人」，陷入「不可逆轉昏迷」、「永久植物人狀態」或進展到「極重度失智」等情境時，我們想不想要使用「維持生命治療」（如：心肺復甦術、葉克膜）或「人工營養及流體餵養」（如：放置鼻胃管、靜脈注射），並且提前為自己做出決定。

先做「預立醫療照護諮商」，預立醫療決定才有法律效力

然而，這之中有一個最容易被忽略、卻也是我認為最重要的關鍵：在做出這個重要的預立醫療決定之前，病人（意願人）必須先帶著親友到政府規定的醫療相關機構，自費進行「預立醫療照護諮商」[2]。

在「預立醫療照護諮商」中，專業醫療團隊會針對五種適用的臨床條件[3]與我們有權利做的選擇，進行詳盡說明，並與意願人及親友進行雙向溝通。法案規定，唯有經過這樣的溝通與討論，這份預立醫療決定才具有法律效力。

看到這裡，你可能想問：為什麼這麼麻煩呢？為自己做個「決定」還得找親友一起做「諮商」？而且「諮商」一次竟然需要收費上千元！

其實在真正參與「預立醫療照護諮商」的運作之前，這些也都曾是我心中的疑惑。直到數年前的一段臨床經驗，我才逐漸體會它存在的用意。

1．《病人自主權利法》的條文內容，請參見「全國法規資料庫」：https://reurl.cc/o7LpOl。
．「安寧照顧基金會」網站則有相關的表單下載：https://reurl.cc/nDzyQv。

2．「預立醫療決定」（Advance Decision，簡稱AD）。
．「預立醫療照護諮商」（Advance Care Planning，簡稱ACP）。

3．五種適用的臨床條件包括：「末期病人、不可逆轉之昏迷、永久植物人、極重度失智及其他經中央主管機關公告之痛苦難以忍受、無法治癒且依當時醫療水準無合適解決方法之情形」。詳見衛福部網站：https://reurl.cc/Rz4DnD（預立醫療決定、安寧緩和醫療及器官捐贈意願資訊系統）。

那是《病人自主權利法》剛上路的階段，當時服務的醫院參與了「預立醫療照護諮商」的試辦與推廣計畫，每週都會由院內受過相關專業訓練的醫師、護理師、心理師或社工師組成一個專門團隊，共同與預約前來諮商的病人（意願人）及他們的家屬進行溝通、討論。當時滿腔熱血的我們，對每一次的諮商機會都十分珍惜。

印象最深刻的是有一回，團隊花了整整兩個小時，在診間陪著一組病人和家屬好好地釐清並討論，當病人的生命即將走到盡頭，她希望以什麼樣的方式活著。

原本只想著「別痛苦就好」

罹癌的女病人多年前被宣告末期，但仍行動自如、自主且獨立。見面之前，我們早已從她原本的醫療團隊口中，聽聞她豁達、開朗並善於表達的個性，在就醫過程中，她對於自己的醫療情形都非常有主見。

當天，病人帶著成年的女兒們一同參與這場重要的諮商討論，希望兩個女兒可以做她預立醫療決定的見證人。

她一坐定便向我們表明心意：「醫師，趕快拿來給我簽一簽，我一定全部都拒絕。我的後事也都交代好了，我只要別痛苦就好。」

一旁的女兒也點頭附和道：「醫師，我媽媽已經想好了，我們都尊重她的決定。」

病人的意願，為何突然大轉變？

一步一步談下去，當我們與這位很有主見的母親討論到：「在人生最後、最後的一段日子裡，如果你沒辦法自己進食了，我們幫你打人工營養點滴或是插鼻胃管餵食，你願意接受嗎？」

出乎意料地，這時她竟然遲疑了。她告訴我們：「我從來沒有想過這個問題。我只是不想要痛苦，順順地走就好。」

沉思片刻後，她問道：「醫師，你是指插了鼻胃管後，可以讓我多活幾個月嗎？」

「嗯，真正的時間我並不能確定。但你的確可能會因為獲得比較多的營養，而多活一些日子。」醫師注視著她的眼睛回答，接著繼續說：「可是到時候的你應該也不會太有體力，或許只是坐在床邊，偶爾下床走個幾步，甚至都只能躺在床上。」

「這樣啊……那，好像……我可以接受耶。」她想了一下，做出一個跌破眾人眼鏡的回應。

她身旁的女兒瞪大雙眼，驚呼：「什麼？你確定？」

在場所有人也和女兒一樣震驚。一直以來，我們都以為所謂的「豁達」指的就是很乾脆，「什麼都不要」，只求趕快解脫。

看著我們不可置信的表情，這位母親以一種很慢、很慢的速度，緩緩道出她的理由：「我想跟女兒們多相處一些日子。我最怕她們遺憾，如果她們遺憾，我也會覺得遺憾。」她紅了眼眶。

稍微停頓片刻整理心情後，她繼續說道：「老實說，我們做父母的就是不想給子女負擔，不想讓他們留下遺憾。

「我現在還能走動，住在女兒們家裡，多少還可以替她們做點事，幫忙整理一下房子，讓孩子們下班後不用這麼辛苦。」

聽著她這番話，我不禁想像著這位母親的每一天是怎麼過的：即便經診斷為癌症末期多年，甚至曾數度被告知病危，但堅強、獨立、不想影響孩子們生活的她仍堅持每週獨自撐著孱弱的身子，到醫院看診、治療。回到家中，除了躺臥休息的時間外，盡量把握身體還行的短暫片刻，替孩子們做家事，希望減輕他們的負擔。

我看到的是她做為母親的勇氣，以及對子女深深的愛。

「如果我的存在對孩子們來說還有一點意義，讓她們白天能安心上班，下班後到醫院來，還能見我最後幾面，那我好像是可以接受的。」

經過一番整理與思索後，這位母親最後做出了這樣的決定。

經過諮商與溝通，看見最深層的愛

老實說，如果不是聽她親口說出這段話，我們真的很難想像一個這麼熱愛自由、連住院一週都受不了的病人，即使來到生命的最後階段，身體已經不自由了的時候，也不敢坦率地做出拒絕人工營養及流體餵養的決定。

甚至寧願忍受無法自主，也要爭取與孩子相處的時間，減少孩子失去母親的遺憾。

我想她的女兒們應該也是第一次深刻體會到——原來唯一讓豁達的母親難以豁達的，是母女之間難以割捨的情感。

看似瀟灑、自由的母親，在人生走到盡頭時，心心念念的全是孩子們。

療心錦囊

那些我們從不曾好好談過的事

這位母親的心意轉折讓我突然領悟：也許最難的不是談論死亡、交代後事，而是思考「在生命的最後，我要怎麼活著」。

即使再坦率、再開放的家庭，也常常忘記去討論，甚至避免去想像面臨生命的最後關頭時，可能遇到的真實情況。

「預立醫療照護諮商」不只是說明和澄清法條、簽署文件的過程，更是**提供一段由專業人員引發的「時間和空間」，開啟每個家庭、每個病人與主要親屬之間的溝通及情感表達，讓我們可以安心地去談論那些議題——那些「也許我們從來不曾好好談過」，或者「我們以為已經做好完善準備，卻還有些重要的東西躲在死角沒被發現」的事。**

思考死亡的同時，也促使我們去正視：

- 在有限的生命時間裡，我有哪些在意和重視的事情？
- 我要選擇怎麼樣活著？

你也許會好奇：「一次的諮商，談得完嗎？」

我必須老實說，不，絕對談不完。家庭的議題、生命的議題，一輩子都談不完。

但是我相信出了諮商室之後，這樣的討論和溝通將持續在每一個家庭裡面發酵。這也正是「預立醫療照護諮商」的價值所在。

—後記—

身為一個癌症心理師

本書中故事的背景，橫跨了我的前、後兩份臨床工作：「安寧心理師」與「癌症心理師」（或稱「腫瘤照會心理師」）。

儘管主要都是服務癌症病人與家屬，工作的模式和型態卻存在著極大的差異。

在醫學中心的安寧病房擔任專責心理師時，除了在病房裡服務病人與家屬外，也會走進病人的家中進行居家安寧訪視。

有別於傳統心理師獨立作業的工作模式，安寧心理師在工作上則需要與許多夥伴密切合作，從安寧病房的主治醫師、住院醫師、護理師，到社工師、宗教師、志工大哥大姊們，以及安寧共照護理師和安寧居家護理師。

安寧團隊在「一起」照顧病人的過程中，高度仰賴彼此之間的熟悉與默契，很多時候也需要互相補位與配合。

我特別享受早晨和醫師一起查房，與護理師一起照顧病人、幫病人洗澡等，透過這樣的方式，不僅更貼近病人，也觀察到更多平時單純透過談話所「看不到」的，像是：病人身體症狀的變化和影響；病家在聽聞疾病進展與醫療計劃時，第一時間的反應；病人與家屬之間，更細微的互動與張力等等。

安寧心理師的職責與其說是輔導病人、對病人或家屬進行心理諮商或治療，我更認為是帶了點心理學概念或技巧的「陪伴」，一種深度的陪伴。

四年安寧心理師生涯讓我有一項深刻的體會：如果一直執著在所作所為是否符合一個「心理師」該有的樣子，那肯定常常感到挫折。

之所以能被病人接受、受家屬信任，重點並不在於我的心理師身分，不是因為他們有問題想求助於這個角色的專業，而是單純因為我這個「人」在他們最慌亂的時候出現，

釋出善意。

或許他們感受到了這份真誠，知道我願意聆聽他們的煩憂，和他們一起想辦法解決眼前的難題，陪伴他們走過這道艱難卻又至關重要的人生關卡。

我認為在安寧心理師的工作中，「安寧」的素養與「人」的溫度，大過於「心理師」的專業背景；個性、處世態度、對生命的價值觀所占的重要性，遠超過所具備的臨床心理學的知識和技術。

進入癌症醫院服務後，面對的則是完全不同的處境。

通常一間醫院至少會配置一名癌症心理師，負責院內癌症病人和家屬的情緒照顧。

有別於過去在安寧病房工作時，只需要專注在與安寧團隊建立良好的默契與信任關係，轉換為癌症心理師的身分後，合作、溝通的對象迅速擴展到全院各個醫療團隊與單位。不僅要熟悉各個團隊的作風與習慣，還必須了解他們對於照會心理師的「期待」。

除此之外，也因為負責的業務範圍擴大了，很難再像過去在安寧病房那樣深入地陪伴病人，尤其在計算健保點值的績效制度下，基本上只有「一次」與病家會談的額度。

在這一次性的訪視與會談中，癌症心理師常常不只要解答醫療團隊想知道的問題（例如：病人究竟想不想要治療，為什麼他總是看起來這麼不積極？病人每次都表現得很沉默，他到底知不知道病情？），也要滿足被照會者的期待（例如：家屬擔心病人對於疾病很悲觀，希望心理師跟病人聊聊，讓病人能看開一點；家屬覺得病人不敢面對現實，苦惱於不知道病人的想法，希望心理師來談過之後，病人能夠交代後事）。

在癌症照會的模式中，各個醫療專業分工較精細，執行工作時也比較回歸到心理師的專業訓練和背景。

曾有病人入院後，在即將施打化學治療藥物時，驚恐地向護理師訴說對針頭與藥劑的恐懼，護理師便透過電話照會我，請我至病室與病人談談。於是，我坐在病床邊，一面與病人談著他的恐懼，跟他一起梳理罹癌後的生活與心情，一面陪著他緩緩經歷化療藥物隨著點滴注入體內的感覺。

會談結束後，病人反饋：「我好像沒那麼緊張了！」並主動提出希望下一次住院化療時，能自費預約心理師的諮商服務，緩解接受化學治療前的不安情緒。

儘管如此，難以施力的臨床情境依舊比比皆是（例如：家屬希望心理師開導病人；醫療團隊期待得知病況惡化的病人不要那麼沮喪），無論是對於病家或對我而言，都是煎熬且挑戰的。

從安寧病房的「陪伴者」到癌症醫院的「問題解決者」，工作處境與制度的差異，讓過去那個倡導「戴上敘事的眼鏡，看到一個活生生、完整的人」的我，彷彿變成必須快速解決問題、達成目標的工具。

雖然心理師的專業角色能見度提高了，卻少了機會體現過去「好好陪你走一程」的全人深度陪伴。

對於這樣的轉變，老實說起初內心有點失落，有時會想起在病床邊與安寧病人真心交會的時刻，憶起一個又一個曾用心陪伴過的面孔。

所以一開始接下出版社的出書邀約時，我的內心其實充滿矛盾，甚至有些抗拒，當時的我正在經歷角色轉換的失落。

然而，寫書的過程，促使我將這份難以言喻的複雜心情漸漸地梳理清楚。

雖然花了比想像中更久的時間、更多的心力來完成這本書，但是也透過重新檢視與整理「癌症心理師」工作中的收穫和體會，慢慢地，我對這個角色開始有了不同的看見。

如同在〈他們都說我不夠堅強〉中，琳恩主動向醫療團隊提出需求，並向心理師這位「局外人」訴說她難以向外人道起的懊惱與喪志。

或是在〈世界這麼可愛，我卻要走了〉中，老太太有機會藉著每一次的談話，細數她八十多年的人生起落，重新整合她的一生，在生命終點前有了新的體悟，擺脫噩夢與煩惱，找回生活的掌控權……

我漸漸發覺，有些時候其實**因為「癌症心理師」背景，以及相對明確的工作架構和會談目標，而得以對病人或家屬的內在心理歷程有更深入的理解，這是過去做為安寧心理師比較少能觸及的層面。**

隨著書稿逐漸成形，我愈來愈相信：也許有那麼一天，自己能夠在現在的體制下，發揮出**兼具「專業性」與「人性關懷」**的多元工作模式。

【特別收錄】

癌症病友及家屬如何獲得心理協助

1 什麼樣的醫院有「癌症心理師」？

癌症心理師，顧名思義指的是專門對於癌症病人或家屬提供心理照護服務（如：情緒支持、哀傷撫慰）的心理師，是醫院中癌症治療照顧團隊的一員。其身分可能是臨床心理師或諮商心理師。

近十年來，政府為提升癌症診療品質，建議癌症治療的機構、癌症防治醫療機構（醫院）應配置心理師，依據癌症病人的需求，提供心理照護服務。基本上，通過「癌症診療品質認證」的醫院，至少需有一名心理師負責癌症心理照護服務。

・若想要知道有哪些醫院通過癌症診療品質認證，可以掃描下方QR Code，至「國民健康署」的網站下載資料，或搜尋「公告通過癌症診療品質認證醫院名單」（醫院會定期進行認證）。

2 在醫院裡，要怎麼找到癌症心理師協助？

一般而言，醫院會透過兩種途徑，「主動」辨識出需要心理照護服務的對象，包括：

1 情緒壓力篩檢機制：大多數醫院會對住院中的癌症病人進行情緒壓力篩檢，比如利用「困擾溫度計量表」（Distress Thermometer, DT），請住院病人根據近期感受到的情緒困擾進行評分（0分是無困擾，10分是極為困擾）；一旦情緒困擾得分高於臨界值（國內醫院常見以7分做為心理介入的基準），心理師便會主動前往訪視，和病人談談，釐清病人情緒壓力的來龍去脈，提供心理支持與介入。

2 由醫療團隊端發起照會：無論在住院或門診階段，當醫療團隊（如：醫師、護理師和個案管理師）觀察到病人或家屬，在診斷、檢查或治療的過程中，呈現出明顯情緒壓力或心理上的調適困難時，便會透過「照會」（或「會診」）機制，請心理師安排時間與病人或家屬進行會談，進一步了解病家的疾病適應、情緒困擾或壓力。

當然，除了上述這兩種「心理師主動找上門」的途徑之外，如果癌症病人或家屬在就醫治療的過程中，覺察到自己有心理介入或情緒、壓力調適的需要時，都可以主動向癌症治療照顧團隊提出需求，請醫療團隊協助安排癌症心理師來會面。

此外，有些醫院的癌症心理師還可能提供更多元的服務管道，例如：

1 設立自費的心理諮商／治療門診：病人或家屬有需求時可自行掛號，以自費的方式，進行中、長期的心理諮商／治療療程。

2 帶領心理支持團體：目前國內已有醫院在腫瘤外科病房開設「術前紓壓團體」，由臨床心理師帶領即將進行手術的病人和家屬，透過學習壓力概念、練習放鬆技巧、與其他病友和家屬相互支持，來緩解手術前的焦慮情緒。

3 如果在非醫院門診時間需要談談，可以找誰？

目前醫院裡的癌症心理師大多未提供夜間值班服務。

若是在住院中，建議可以向自己信任的醫護人員訴說與表達，由醫護人員提供基本的心理支持和照護，或是由醫護人員在上班時段照會癌症心理師前來訪視。

4 癌症心理師晤談的對象，從小孩到老人家都可以嗎？

通常針對「疾病適應」的相關議題，病人或家屬無論年紀大小，都是癌症心理師的服務範圍。不過，若希望處理其他的特定議題，像是針對兒童期的神經發展障礙，或老年人失智症的心理評估與治療，還是建議最好尋求特定領域或專科（如：兒童心智科或神經內科）的臨床心理師協助。

5 有沒有關於情緒或壓力的自我檢測量表呢？

在接受治療或照顧病人的過程中，若是感覺到承受了較大的身心壓力，可以透過填寫「簡式健康量表」（Brief Symptom Rating Scale，簡稱BSRS-5，俗稱為「心情溫度計」），了解自己目前的情緒困擾程度與心理照護需求。

填寫量表時，請針對每一個題項的困擾嚴重程度回答，從0分「完全沒有」到4分「非常厲害」，並依據得分的說明尋求協助。

- 填寫量表，至國民健康署「健康九九」網站，點選「健康檢測」。
- 台灣自殺防治學會網站有「心情溫度計專區」。
- APP store、Google play商店，可搜尋「心情溫度計」APP下載。

「心情溫度計專區」

「健康檢測」：填寫量表

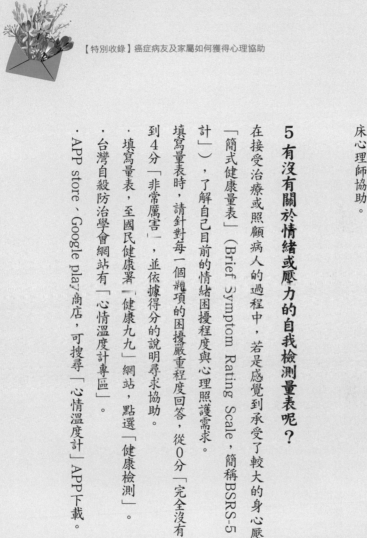

國家圖書館預行編目資料

癌症心理師的療心錦囊/商沛宇著. -- 初版. -- 臺北市 : 寶瓶文化事業股份有限公司, 2023.07
面； 公分. -- (Vision ; 245)
ISBN 978-986-406-363-5(平裝)
1.CST: 癌症 2.CST: 心理治療 3.CST: 醫病溝通

178.8 112008170

Vision 245

癌症心理師的療心錦囊

作者／商沛宇（臨床心理師）
企劃編輯／丁慧瑋

發行人／張寶琴
社長兼總編輯／朱亞君
副總編輯／張純玲
編輯／林婕伃
美術主編／林慧雯
校對／丁慧瑋・陳佩伶・劉素芬・商沛宇
營銷部主任／林歆婕　業務專員／林裕翔　企劃專員／李祉萱
財務／莊玉萍
出版者／寶瓶文化事業股份有限公司
地址／台北市110信義區基隆路一段180號8樓
電話／(02)27494988　傳真／(02)27495072
郵政劃撥／19446403　寶瓶文化事業股份有限公司
印刷廠／世和印製企業有限公司
總經銷／大和書報圖書股份有限公司　電話／(02)89902588
地址／新北市新莊區五工五路2號　傳真／(02)22997900
E-mail／aquarius@udngroup.com

法律顧問／理律法律事務所陳長文律師、蔣大中律師
如有破損或裝訂錯誤，請寄回本公司更換
著作完成日期／二〇二三年三月
初版一刷日期／二〇二三年七月
初版一刷+日期／二〇二三年七月十日
ISBN／978-986-406-363-5
定價／三九〇元

AQUARIUS 寶瓶 文化事業

愛書人卡

感謝您熱心的為我們填寫，
對您的意見，我們會認真的加以參考，
希望寶瓶文化推出的每一本書，都能得到您的肯定與永遠的支持。

系列：Vision 245　**書名：癌症心理師的療心錦囊**

1.姓名：＿＿＿＿＿＿＿＿　性別：□男　□女

2.生日：＿＿＿年＿＿＿月＿＿＿日

3.教育程度：□大學以上　□大學　□專科　□高中、高職　□高中職以下

4.職業：＿＿＿＿＿＿＿＿

5.聯絡地址：＿＿＿＿＿＿＿＿＿＿＿＿＿＿＿＿＿＿＿＿＿＿＿

聯絡電話：＿＿＿＿＿＿＿＿　手機：＿＿＿＿＿＿＿＿

6.E-mail信箱：＿＿＿＿＿＿＿＿＿＿＿＿＿＿

□同意　□不同意　免費獲得寶瓶文化叢書訊息

7.購買日期：＿＿＿年＿＿＿月＿＿＿日

8.您得知本書的管道：□報紙／雜誌　□電視／電台　□親友介紹　□逛書店　□網路　□傳單／海報　□廣告　□瓶中書電子報　□其他

9.您在哪裡買到本書：□書店，店名＿＿＿＿＿＿　□劃撥　□現場活動　□贈書

□網路購書，網站名稱：＿＿＿＿＿＿＿　□其他＿＿＿＿＿＿

10.對本書的建議：（請填代號　1.滿意　2.尚可　3.再改進，請提供意見）

內容：＿＿＿＿＿＿＿＿＿＿＿＿＿

封面：＿＿＿＿＿＿＿＿＿＿＿＿＿

編排：＿＿＿＿＿＿＿＿＿＿＿＿＿

其他：＿＿＿＿＿＿＿＿＿＿＿＿＿

綜合意見：＿＿＿＿＿＿＿＿＿＿＿＿＿＿＿＿＿＿＿＿＿＿＿＿＿＿＿＿

11.希望我們未來出版哪一類的書籍：＿＿＿＿＿＿＿＿＿＿＿＿＿＿＿＿＿＿

讓文字與書寫的聲音大鳴大放

寶瓶文化事業股份有限公司

（請沿此虛線剪下）

廣告回函
北區郵政管理局登記
證北台字15345號
免貼郵票

寶瓶文化事業股份有限公司 收

110台北市信義區基隆路一段180號8樓

8F,180 KEELUNG RD.,SEC.1,

TAIPEI.(110)TAIWAN R.O.C.

（請沿虛線對折後寄回，或傳真至02-27495072。謝謝）